ADVENTISTAS SOBRESALIENTES

Tomo 1

José Ramón Del Valle Rodríguez

kindle direct publishing

CONTENIDO

INTRODUCCIÓN

Este libro puede ser una fuente de inspiración y motivación para muchos, mostrando cómo la fe y el compromiso pueden llevar a logros extraordinarios en diversas áreas de la vida. A través de las historias de individuos que han dedicado sus vidas al servicio de Dios y la comunidad, se revela el poder transformador de la fe y la perseverancia. Cada relato es un testimonio de cómo la determinación y la devoción pueden superar los desafíos y abrir caminos hacia el éxito y la realización personal.

PRÓLOGO

En el vasto lienzo de la historia de la Iglesia Adventista del Séptimo Día, se dibujan con trazos firmes las vidas de aquellos que, con su fe y dedicación, han dejado una huella indeleble en la comunidad y en el mundo. Este libro, una obra de investigación meticulosa, busca identificar a esos individuos excepcionales que, guiados por la mano de Dios, han alcanzado posiciones de gran relevancia.

"Adventistas Sobresalientes" es un viaje a través del tiempo y el espacio, una recopilación de historias que destacan la humildad y el servicio desinteresado de estos hombres y mujeres. Cada capítulo es una ventana abierta a sus vidas, un testimonio de cómo la verdadera grandeza se encuentra en la firmeza de convicciones y en el servicio a los demás.

Al explorar estas páginas, los lectores encontrarán inspiración y fortaleza para enfrentar sus propios desafíos. Recordarán que, con fe y perseverancia, es posible alcanzar grandes cosas. Que este libro sea una fuente de inspiración y un recordatorio constante del poder transformador de una vida vivida en servicio a Dios y a la humanidad.

DANIEL 2:21:

**"EL MUDA LOS TIEMPOS
Y LAS EDADES;
QUITA REYES,
Y PONE REYES;
DA LA SABIDURIA
A LOS SABIOS,
Y LA CIENCIA
A LOS ENTENDIDOS."**

1. ELENA G. WHITE: CO-FUNDADORA

★ **Biografía:** Fundadora y profetisa de la Iglesia Adventista del Séptimo Día.

★ **Contribuciones:** Escritora prolífica, autora de libros como: "El conflicto de los siglos" y "El camino a Cristo".

★ **Impacto:** Su influencia en la teología y la organización de la iglesia sigue siendo significativa.

Elena G. White: Profetisa y Fundadora de la Iglesia Adventista del Séptimo Día

Comenzamos este libro con la escritora que mantiene un mensaje para este tiempo actual.

1: Primeros Años y Llamado Divino

Elena Gould Harmon nació el 26 de noviembre de 1,827 en Gorham, Maine, Estados Unidos. Desde temprana edad, mostró una profunda espiritualidad y una conexión especial con lo divino. A los 17 años, tuvo su primera visión, un evento que marcaría el inicio de su papel como profetisa y líder espiritual.

2: Fundación de la Iglesia Adventista del Séptimo Día

En 1,844, Elena se unió al movimiento adventista, que esperaba el inminente regreso de Cristo. A pesar de la decepción del Gran Chasco, Elena y otros líderes continuaron su labor, y en 1,863, se fundó oficialmente la Iglesia Adventista del Séptimo Día. Elena, junto con su esposo James White, jugó un papel crucial en la organización y expansión de la iglesia.

3: Escritora Prolífica

Elena G. White fue una escritora incansable. Entre sus obras más destacadas se encuentran "El conflicto de los siglos" y "El camino a Cristo". Sus escritos no solo abordaban temas teológicos, sino también salud, educación y estilo de vida, ofreciendo una guía integral para los creyentes.

4: Contribuciones y Legado

El impacto de Elena G. White en la teología y la organización de la Iglesia Adventista del Séptimo Día es inmenso. Sus visiones y escritos ayudaron a dar forma a las doctrinas y prácticas de la iglesia. A través de sus más de 126 libros y miles de artículos, su influencia se extiende hasta hoy, tocando la vida de millones de personas en todo el mundo.

5: Últimos Años y Muerte

Elena G. White continuó su labor hasta su muerte el 16 de julio de 1915 en St. Helena, California. Su legado perdura, y su vida sigue siendo una fuente de inspiración para los miembros de la Iglesia Adventista del Séptimo Día y más allá.

2. BEN CARSON: NEURO-CIRUJ-POLÍTICO

★ **Biografía:** Neurocirujano y político estadounidense.

★ **Logros:** Conocido por realizar la primera separación exitosa de gemelos siameses unidos por la cabeza.

De la Sala de Operaciones a la Política: La Vida de Ben Carson

1: Introducción

Ben Carson, un neurocirujano y político estadounidense, es conocido por su destacada carrera médica y su participación en la política. Su vida es un testimonio de superación y dedicación.

2: Primeros Años

Nacido el 18 de septiembre de 1,951 en Detroit, Michigan, Ben Carson creció en un entorno humilde. Su madre, a pesar de tener poca educación formal, inculcó en él y su hermano el amor por la lectura y la importancia de la educación. Desde temprana edad, Ben mostró una curiosidad insaciable y una determinación férrea, cualidades que serían fundamentales en su camino hacia el éxito.

3: Carrera Médica

Carson se destacó en el campo de la medicina, convirtiéndose en un renombrado neurocirujano pediátrico. Su logro más famoso fue la primera separación exitosa de gemelos siameses unidos por la cabeza en 1,987. Hay evidencia que detalla sus innovaciones y contribuciones al campo de la neurocirugía, destacando su habilidad para enfrentar desafíos médicos complejos con una combinación de destreza técnica y compasión humana.

4: Transición a la Política

Después de retirarse de la medicina, Carson se involucró en la política. Fue precandidato presidencial republicano en 2,016 y más tarde sirvió como Secretario de Vivienda y Desarrollo Urbano de los Estados Unidos bajo la administración de Donald Trump desde 2,017 hasta 2,021. En 2,025 fue nombrado Vice-Presidente del comite de Libertad Religiosa en la Casa Blanca. Es interesante explorar su transición de la sala de operaciones a la arena política, destacando sus motivaciones y los desafíos que enfrentó en su nuevo rol.

5: Logros y Controversias

Son interesantes los logros de Carson tanto en la medicina como en la política, así como las controversias que ha enfrentado a lo largo de su carrera. Desde sus innovaciones quirúrgicas hasta sus políticas públicas, Carson ha dejado una marca indeleble en ambos campos, aunque no sin enfrentar críticas y desafíos que han puesto a prueba su resiliencia y convicciones.

6: Reflexiones y Legado

Carson reflexiona sobre su vida, sus logros y los desafíos que ha superado. Su legado como médico y político sigue inspirando a muchos. Fundó American Cornerstone Institute (ACI), promoviendo valores de base de fe, libertad, comunidad y vida. Educa, divulga y colabora para fortalecer principios fundamentales de Estados Unidos y enfrenta desafíos sociales con solucionbes de sentido común.

7: Conclusión

La vida de Ben Carson es un ejemplo de cómo la determinación y la fe pueden llevar a grandes logros. Ofreciendo un mensaje de inspiración y motivación para los lectores.

3. FRASER CATTON: PASTOR EN JUEGOS MUNDIALES DE TRASPLANTADOS

★ **Historia**: Un pastor adventista que ganó medallas en estos juegos.

★ **Impacto**: Ejemplo de superación y fe.

Fe, Fortaleza y Triunfo: La Historia de Fraser Catton

1: Introducción

Fraser Catton, un pastor adventista con una fe inquebrantable, se erigió como un símbolo de esperanza y superación al participar en los Juegos Mundiales de Receptores de Órganos en 2,023. Su historia es un testimonio elocuente de la resiliencia humana y subraya la importancia vital de la donación de órganos.

2: Antecedentes

Nacido en una pequeña comunidad, Fraser Catton siempre mostró una profunda devoción por su fe y un compromiso inquebrantable con su congregación. Desde temprana edad, su vida estuvo marcada por desafíos de salud que pusieron a prueba su fortaleza física y espiritual. Explora sus primeros años, su educación y los eventos que moldearon su carácter y su vocación pastoral.

Antes de su trasplante de riñón, Fraser llevaba una vida activa y dedicada a su comunidad. Sin embargo, una enfermedad renal crónica cambió su vida drásticamente, llevándolo al borde de la desesperación. Es interesante su vida antes del trasplante y los desafíos que enfrentó.

3: El Trasplante

El proceso del trasplante de riñón fue un punto de inflexión en la vida de Fraser. Se ha detallado la espera, la cirugía y la recuperación, así como el impacto emocional y físico de recibir una segunda oportunidad de vida.

4: Preparación para los Juegos

Con una nueva lease de vida, Fraser se embarcó en un riguroso régimen de entrenamiento para los Juegos Mundiales de Receptores de Órganos. Se ha documentado su preparación, los obstáculos que superó y la determinación que lo impulsó.

5: La Competencia

La participación de Fraser en los Juegos fue un viaje lleno de emociones intensas y desafíos constantes. Desde la majestuosa ceremonia de apertura, donde las luces y los aplausos resonaban como un eco de esperanza, hasta las competencias de tenis, cada momento estuvo impregnado de una mezcla de tensión y determinación.

Fraser, con su espíritu indomable, enfrentó cada partido con una fe inquebrantable y una voluntad de hierro. Los días de competencia fueron una montaña rusa de emociones, donde cada set ganado era una pequeña victoria y cada derrota, una lección de humildad y perseverancia.

A pesar de los obstáculos, su esfuerzo y dedicación lo llevaron a alcanzar el podio, ganando dos medallas de bronce que brillaban no solo como símbolos de triunfo, sino también como testamentos de su resiliencia y fortaleza. Estas victorias no solo representaron logros deportivos, sino también la culminación de un viaje de superación personal y espiritual.

6: Reflexiones

Fraser reflexiona sobre la importancia de la donación de órganos y cómo su fe lo guió a través de cada desafío. Su experiencia, sentimientos y pensamientos puede inspirar a otros.

7: Conclusión

La historia de Fraser Catton es un recordatorio poderoso de la fuerza del espíritu humano. Destaca las lecciones aprendidas y frece un mensaje de esperanza y gratitud a todos aquellos que hacen posible la donación de órganos.

4. ESCUELA ADVENTISTA EN JAMAICA

* **Logro**: Ganó la Competición Nacional del Medio Ambiente.
* **Impacto**: Promoción de la conciencia ambiental entre los jóvenes.

Guardianes del Futuro: La Historia de la Escuela Adventista en Jamaica

1: Introducción

En el corazón de Jamaica, una escuela adventista ha logrado un hito significativo al ganar la Competición Nacional del Medio Ambiente. Este logro no solo destaca su compromiso con la educación, sino también su dedicación a la promoción de la conciencia ambiental entre los jóvenes.

2: Historia de la Escuela

Fundada con la misión de proporcionar una educación integral basada en principios cristianos, la Escuela Adventista en Jamaica ha sido un faro de esperanza y conocimiento para la comunidad. Es interesante la historia de los orígenes de la escuela y su evolución a lo largo de los años.

3: La Competición Nacional del Medio Ambiente

La Competición Nacional del Medio Ambiente es un evento anual que reúne a escuelas de todo el país para competir en proyectos y actividades que promueven la sostenibilidad y la protección del medio ambiente. Este capítulo detalla la naturaleza de la competencia y los criterios de evaluación.

4: Preparación y Participación

La preparación para la competencia fue un esfuerzo conjunto de estudiantes, maestros y la comunidad. Aquí se describe el proceso de preparación, los proyectos presentados y las actividades realizadas por los estudiantes para destacar en la competencia.

5: El Triunfo

El momento culminante llegó cuando la Escuela Adventista en Jamaica fue anunciada como ganadora de la Competición Nacional del Medio Ambiente. Es interesante como se narra la emoción y el orgullo de los estudiantes y maestros al recibir el reconocimiento por su arduo trabajo y dedicación.

6: Impacto en la Comunidad

El impacto de este logro se sintió en toda la comunidad. La victoria no solo elevó el perfil de la escuela, sino que también inspiró a otros a tomar medidas para proteger el medio ambiente. Explora cómo la conciencia ambiental se ha convertido en una parte integral de la vida escolar y comunitaria.

7: Reflexiones y Futuro

Los estudiantes y maestros reflexionan sobre las lecciones aprendidas y los desafíos superados. Ofrece una visión del futuro, destacando los planes para continuar promoviendo la sostenibilidad y la educación ambiental.

5. MÚSICO ADVENTISTA DE 96 AÑOS

★ **Historia:** Ganó un importante premio a los 96 años.

★ **Impacto:** Inspiración para la longevidad y el servicio continuo.

La Sinfonía de la Vida: La Historia de Herbert Blomstedt

1: Introducción

Herbert Blomstedt, un director de orquesta adventista de renombre mundial, ha dedicado más de siete décadas a la música clásica. A sus 96 años, su pasión y devoción por la música le han valido el prestigioso "Premio Opus Klassik", convirtiéndolo en una fuente de inspiración para muchos.

2: Primeros Años

Nacido el 11 de julio de 1,927 en Springfield, Massachusetts, Blomstedt mostró un temprano interés por la música. Explora su infancia, su educación musical y los primeros pasos en su carrera como director de orquesta.

3: Carrera Musical

Blomstedt ha dirigido algunas de las orquestas más prestigiosas del mundo, incluyendo la Orquesta Sinfónica de San Francisco y la Orquesta Gewandhaus de Leipzig. Es interesante el detalle de sus logros profesionales, sus grabaciones más destacadas y su estilo único de dirección.

4: La Fe y la Música

Como adventista del séptimo día, Blomstedt ha integrado su fe en su vida y carrera. Es interesante explora rcómo sus creencias han influido en su enfoque de la música y su dedicación al servicio continuo.

5: El Premio Opus Klassik

En 2023, Blomstedt recibió el Premio Opus Klassik por sus contribuciones a la música clásica. Obtuvo el reconocimiento, la ceremonia de premiación y las reacciones de sus colegas y admiradores.

6: Inspiración y Legado

A los 96 años, Blomstedt sigue siendo una figura activa y respetada en el mundo de la música. Reflexione sobre su longevidad, su impacto en la música clásica y cómo su vida y carrera inspiran a las nuevas generaciones.

7: Conclusión

La historia de Herbert Blomstedt es un testimonio de dedicación, pasión y fe. Es un mensaje vivo de inspiración y motivación, destacando cómo la música y la fe pueden enriquecer la vida y el servicio continuo.

6. COLEGIO ADVENTISTA: OLIMPIADAS

★ **Logro**: Ganó las Olimpiadas de Actualidad.

★ **Impacto**: Destacado en educación y conocimiento general.

Triunfo y Conocimiento: La Historia del Colegio Adventista en Chile

1: Introducción

En el vibrante paisaje educativo de Chile, el Colegio Adventista ha logrado un hito significativo al ganar las Olimpiadas de Actualidad. Este logro no solo resalta su excelencia académica, sino también su compromiso con la formación integral de sus estudiantes.

2: Historia del Colegio

Fundado con la misión de proporcionar una educación basada en principios cristianos, el Colegio Adventista en Chile ha sido un pilar en la comunidad educativa. Es bueno ver los orígenes del colegio, su evolución y su impacto en la educación local.

3: Las Olimpiadas de Actualidad

Las Olimpiadas de Actualidad son una competencia nacional que desafía a los estudiantes a demostrar su conocimiento sobre temas actuales y su capacidad de pensamiento crítico. Imagine tal naturaleza de la competencia, los temas abordados y los criterios de evaluación. A través de una serie de pruebas rigurosas, los participantes deben mostrar no solo su comprensión de los eventos contemporáneos, sino también su habilidad para analizar y debatir sobre ellos con profundidad y claridad.

4: Preparación y Participación

La preparación para las Olimpiadas fue un esfuerzo conjunto de estudiantes, maestros y la comunidad. Aquí se describe el proceso de preparación, las estrategias utilizadas y el entusiasmo que rodeó la participación del colegio en la competencia. Las largas sesiones de estudio hasta simulacros de debates, cada paso fue un testimonio del compromiso y la colaboración. Los maestros, con su guía experta, y los estudiantes, con su dedicación incansable, trabajaron codo a codo para asegurar que cada participante estuviera listo para enfrentar los desafíos de la competencia.

5: El Triunfo

El momento culminante llegó cuando el Colegio Adventista fue anunciado como ganador de las Olimpiadas de Actualidad. Es interesante como se narra la emoción y el orgullo de los estudiantes y maestros al recibir el reconocimiento por su arduo trabajo y dedicación. Las lágrimas de alegría, los abrazos y las sonrisas reflejaban no solo el triunfo en la competencia, sino también el espíritu de unidad y perseverancia que había llevado al equipo a la victoria. Este logro se convirtió en un faro de inspiración para toda la comunidad, demostrando que con esfuerzo y fe, cualquier meta es alcanzable.

6: Impacto en la Comunidad

El impacto de este logro se sintió en toda la comunidad. victoria no solo elevó el perfil del colegio, sino que también inspiró a otros a valorar la educación y el conocimiento general. Es interesante cómo el triunfo ha influido en la vida escolar y comunitaria.

7: Reflexiones y Futuro

Los estudiantes y maestros reflexionan sobre las lecciones aprendidas y los desafíos superados. Tiene una visión del futuro, destacando los planes para continuar promoviendo la excelencia académica y la formación integral.

7. LOFA Y PIKACHA: AMBIENTALISTAS

★ **Historia**: Adventistas reconocidos internacionalmente por sus acciones ambientales.
★ **Impacto**: Ejemplo de liderazgo en la protección del medio ambiente.

Guardianes de la Tierra: Reconocimientos Ambientales de los Adventistas

1: Introducción

En un mundo cada vez más consciente de la necesidad de proteger el medio ambiente, los adventistas del séptimo día han emergido como líderes en la lucha por la sostenibilidad. Este libro menciona solo algunos ejemplos de a aquellos que han sido reconocidos internacionalmente por sus significativas contribuciones ambientales.

2: Pelenise Alofa y Patrick Pikacha

Dos figuras destacadas en el Pacífico Sur, Pelenise Alofa y Patrick Pikacha, han recibido reconocimiento internacional por sus esfuerzos en la conservación y protección del medio ambiente. Explora sus proyectos y el impacto de su trabajo en sus comunidades. Pelenise Alofa, oriunda de Kiribati, ha sido distinguida con el premio Commonwealth Points of Light en reconocimiento a su incansable labor en la concienciación y respuesta ante los desafíos del cambio climático. Por su parte, Patrick Pikacha, un destacado ecologista especializado en vertebrados y biólogo de campo, ha recibido el Premio de Liderazgo Nacional en Sustentabilidad y

Conservación Ambiental, otorgado por la Secretaría del Programa Ambiental Regional del Pacífico, en honor a sus significativas contribuciones a la conservación del medio ambiente. Sus historias son un testimonio de dedicación y compromiso con la preservación del medio ambiente.

3: La Filosofía Adventista del Medio Ambiente

La Iglesia Adventista del Séptimo Día ha defendido históricamente el cuidado del medio ambiente, basándose en principios bíblicos. Este capítulo analiza la filosofía adventista sobre la creación y la responsabilidad humana de cuidar la Tierra. Desde la perspectiva adventista, la humanidad, creada a imagen de Dios, tiene la responsabilidad de ser un mayordomo fiel de la creación. La iglesia aboga por un estilo de vida sencillo y pleno, que respete la creación y limite el uso de los recursos naturales. Esta filosofía se manifiesta en las acciones y enseñanzas de la iglesia, destacando la importancia de la mayordomía responsable y la preservación del medio ambiente como un deber cristiano.

4: Proyectos y Logros

Desde la reforestación hasta la educación ambiental, los adventistas han liderado numerosos proyectos que han tenido un impacto duradero. Algunos de los proyectos que han sido más exitosos han recibido recibido premios por estos esfuerzos.

5: Impacto en la Comunidad

El trabajo ambiental de los adventistas no solo ha beneficiado al medio ambiente, sino que también ha fortalecido las comunidades locales. Es interesante explorar cómo estos proyectos han promovido la cohesión social y el desarrollo comunitario.

6: Testimonios y Reflexiones

Los testimonios de aquellos que han trabajado en estos proyectos ofrecen una visión personal de los desafíos y recompensas de la labor ambiental. Son interesantes las entrevistas y reflexiones de los líderes y voluntarios adventistas.

7: El Futuro del Liderazgo Ambiental Adventista

Mirando hacia el futuro, los adventistas continúan comprometidos con la protección del medio ambiente. Es interesante que se ofrece una visión de los planes futuros y cómo la comunidad adventista planea seguir liderando en la sostenibilidad ambiental.

8. HAKAINDE HICHILEMA: PRESIDENTE DE ZAMBIA

* **Biografía**: Adventista del Séptimo Día y presidente de Zambia.
* **Impacto**: Liderazgo en el ámbito político y social.

De Pastor a Presidente: La Historia de Hakainde Hichilema

1: Introducción

Hakainde Hichilema, un adventista del séptimo día, ha recorrido un camino extraordinario desde sus humildes comienzos hasta convertirse en el séptimo presidente de Zambia. Su liderazgo en el ámbito político y social ha dejado una huella imborrable en la historia de su país.

2: Primeros Años

Nacido el 4 de junio de 1962 en una aldea en el distrito de Monze, Zambia, Hichilema creció en una familia humilde. Desde joven, mostró una gran determinación y dedicación, lo que le permitió obtener una beca para estudiar en la Universidad de Zambia, donde se graduó en Economía y Administración de Empresas.

3: Carrera Profesional

Antes de entrar en la política, Hichilema tuvo una exitosa carrera como empresario y economista. Trabajó como director ejecutivo de Coopers & Lybrand Zambia y Grant Thornton Zambia, donde demostró su habilidad para liderar y gestionar grandes organizaciones.

4: Entrada en la Política

Hichilema se unió al Partido Unido para el Desarrollo Nacional (UPND) en 2,006, tras la muerte del fundador del partido, Anderson Mazoka. A pesar de varios intentos fallidos en las elecciones presidenciales de 2,006, 2008, 2,011, 2,015 y 2,016, su perseverancia finalmente dio frutos en 2,021, cuando ganó la presidencia con el 59.02% de los votos.

5: Liderazgo y Logros

Desde que asumió la presidencia el 24 de agosto de 2021, Hichilema ha trabajado incansablemente para mejorar la economía de Zambia, combatir la corrupción y promover la unidad nacional. Su enfoque en la transparencia y la responsabilidad ha sido un pilar de su administración.

6: Desafíos y Controversias

El camino de Hichilema no ha estado exento de desafíos. En 2017, fue arrestado y acusado de traición, un movimiento ampliamente condenado como un intento de silenciar a un rival político. Sin embargo, fue liberado y las acusaciones fueron retiradas, lo que solo fortaleció su determinación de luchar por la justicia y la democracia.

7: Impacto y Legado

El impacto de Hichilema en Zambia va más allá de sus logros políticos. Como adventista del séptimo día, su fe ha sido una guía constante en su vida y carrera, inspirando a muchos a seguir su ejemplo de integridad y servicio. Su legado como líder comprometido con el bienestar de su país y su gente perdurará por generaciones.

8: Reflexiones Personales

En este capítulo, Hichilema reflexiona sobre su vida, sus logros y los desafíos que ha enfrentado. Comparte sus pensamientos sobre el futuro de Zambia y su visión de un país próspero y unido.

9: Conclusión

La historia de Hakainde Hichilema es un testimonio de la perseverancia, la fe y el liderazgo. Con su testimonio brinda un mensaje de esperanza e inspiración, destacando cómo un hombre puede marcar la diferencia en su país y en el mundo.

9. ARIEL HENRY: PRIMER MINISTRO DE HAITÍ

★ **Biografía**: Neurocirujano y político, hijo del pastor adventista Elie S. Henry.
★ **Impacto**: Liderazgo en tiempos de crisis.

Liderazgo en Tiempos de Crisis: La Historia de Ariel Henry

1: Introducción

Ariel Henry, un destacado neurocirujano y político haitiano, ha jugado un papel crucial en la historia reciente de Haití. Hijo del pastor adventista Elie S. Henry, su vida y carrera están marcadas por un profundo compromiso con el servicio y el liderazgo en tiempos de crisis.

2: Primeros Años

Nacido el 6 de noviembre de 1,949 en Puerto Príncipe, Haití, Ariel Henry creció en un hogar adventista, influenciado por los valores y la fe de su padre, Elie S. Henry. Desde joven, mostró una gran dedicación a sus estudios y una pasión por la medicina.

3: Carrera Médica

Henry se formó como neurocirujano, estudiando en universidades en Francia y Estados Unidos. Trabajó en Francia durante 19 años antes de regresar a Haití, donde se desempeñó como jefe de neurocirugía en uno de los hospitales más importantes del país. Su carrera médica estuvo marcada por su compromiso con la salud y el bienestar de sus pacientes.

4: Entrada en la Política

La transición de Henry a la política fue impulsada por su deseo de servir a su país en un ámbito más amplio. Se unió al partido Inite, de centro izquierda y socialdemócrata, y ocupó varios cargos gubernamentales, incluyendo Ministro del Interior y Comunidades Territoriales.

5: Liderazgo en Tiempos de Crisis

En julio de 2021, tras el asesinato del presidente Jovenel Moïse, Ariel Henry fue nombrado Primer Ministro de Haití. Su liderazgo durante este período de crisis fue crucial para estabilizar el país y guiarlo a través de tiempos tumultuosos. Es interesante explorar sus decisiones y acciones clave durante su mandato.

6: Desafíos y Controversias

El liderazgo de Henry no ha estado exento de desafíos. Desde la crisis política hasta los desastres naturales, ha enfrentado numerosas pruebas. Es interesante analiza r cómo ha manejado estas situaciones y las controversias que han surgido durante su tiempo en el cargo.

7: Impacto y Legado

El impacto de Ariel Henry en Haití va más allá de sus logros políticos. Su dedicación al servicio público y su capacidad para liderar en tiempos de crisis han dejado una marca duradera en la nación. Es interesante reflexiona r sobre su legado y cómo su vida y carrera continúan inspirando a otros.

8: Reflexiones Personales

Henry comparte sus pensamientos sobre su vida, sus logros y los desafíos que ha enfrentado. Ofrece una visión personal de su fe, su familia y su visión para el futuro de

Haití.

9: Conclusión

La historia de Ariel Henry es un testimonio de la resiliencia, el liderazgo y la fe. Su testimonio ofrece un mensaje de esperanza e inspiración, destacando cómo un hombre puede marcar la diferencia en su país y en el mundo.

10. WILIAME KATONIVERE: PRESIDENTE DE FIYI

★ **Biografía**: Adventista elegido como presidente de Fiyi.

★ **Impacto**: Ejemplo de liderazgo y servicio.

Liderazgo y Servicio: La Historia de Wiliame Katonivere

1: Introducción

Wiliame Katonivere, un adventista del séptimo día, ha emergido como una figura prominente en la política de Fiyi. Elegido como el sexto presidente de la República de Fiyi el 12 de noviembre de 2,021, su liderazgo y dedicación al servicio han dejado una huella imborrable en la nación.

2: Primeros Años

Nacido el 20 de abril de 1,964 en Suva, Fiyi, Katonivere creció en el seno de una familia adventista, donde los valores de fe y servicio fueron pilares fundamentales. Este capítulo explora su infancia, su educación y los principios que moldearon su carácter y su visión de liderazgo.

3: Carrera Profesional

Antes de incursionar en la política, Katonivere tuvo una carrera diversa, desempeñándose en roles tanto en el sector privado como en el público. Su experiencia en gestión y liderazgo comunitario lo preparó para enfrentar los desafíos de la política nacional.

4: Entrada en la Política

La transición de Katonivere a la política fue impulsada por su deseo de servir a su país en un ámbito más amplio. Es interesante el detalle de su camino hacia la presidencia, incluyendo su trabajo en el Gran Consejo de Jefes y su papel en la promoción de la unidad y el desarrollo en Fiyi.

5: Liderazgo como Presidente

Desde su elección, Katonivere ha trabajado incansablemente para mejorar la vida de los ciudadanos de Fiyi. Su enfoque en la sostenibilidad, la educación y la salud ha sido fundamental para su administración. Es interesante explorar sus políticas y logros más significativos.

6: Desafíos y Resiliencia

El liderazgo de Katonivere no ha estado exento de desafíos. Desde desastres naturales hasta crisis económicas, ha enfrentado numerosas pruebas con determinación y resiliencia. Es intereasnte analizar cómo ha manejado estas situaciones y las lecciones aprendidas.

7: Impacto y Legado

El impacto de Wiliame Katonivere en Fiyi trasciende sus logros políticos. Su dedicación al servicio público y su capacidad para liderar con integridad y compasión han dejado una marca duradera en la nación. Es interesante reflexionar sobre su legado y cómo su vida y carrera continúan inspirando a otros.

8: Reflexiones Personales

Katonivere comparte sus pensamientos sobre su vida, sus logros y los desafíos que ha enfrentado. Ofrece una visión personal de su fe, su familia y su visión para el futuro de Fiyi.

9: Conclusión

La historia de Wiliame Katonivere es un testimonio de la resiliencia, el liderazgo y la fe. Su testimonio ofrece un mensaje de esperanza e inspiración, destacando cómo un hombre puede marcar la diferencia en su país y en el mundo.

11. CONVENIO INABIF EN PERÚ

* **Historia**: Convenio de cooperación con la Iglesia Adventista para beneficiar a poblaciones vulnerables.
* **Impacto**: Trabajo social y comunitario.

Alianzas para el Bienestar: El Convenio INABIF y la Iglesia Adventista

1: Introducción

En un esfuerzo por mejorar la calidad de vida de las poblaciones vulnerables en Perú, el Programa Integral Nacional para el Bienestar Familiar (INABIF) firmó un convenio de cooperación con la Iglesia Adventista del Séptimo Día. Este libro menciona la historia de esta alianza y su impacto en la comunidad.

2: Historia del Convenio

El convenio fue firmado con el objetivo de articular esfuerzos en la realización de actividades educativas y socio-formativas, así como campañas preventivas de salud. Es interesante el detalle de los antecedentes del convenio, incluyendo las negociaciones y la firma del acuerdo por parte de la Directora Ejecutiva del INABIF, Lic. Nancy Tolentino, y el presidente de la Iglesia Adventista del Séptimo Día para el sur del país de Perú, Pastor Ubilberto Abimael Obando Mosteacero.

3: Objetivos y Alcance

El convenio busca beneficiar a las poblaciones vulnerables a través de diversas iniciativas. Es interesante explorar los objetivos específicos del acuerdo, como la promoción de la educación, la salud y el bienestar social, y cómo estas metas se alinean con las misiones de ambas organizaciones.

4: Implementación de Proyectos

Desde la firma del convenio, se han implementado varios proyectos y actividades en colaboración. Es interesante cuando de describe algunos de los proyectos más destacados, incluyendo talleres educativos, campañas de salud y programas de asistencia social, y cómo estos han impactado positivamente a las comunidades beneficiadas.

5: Testimonios y Experiencias

Los testimonios de los beneficiarios y los voluntarios ofrecen una visión personal del impacto del convenio. Es interesante ver las historias de éxito y experiencias de aquellos que han participado en las actividades y proyectos, destacando el cambio positivo en sus vidas.

6: Desafíos y Lecciones Aprendidas

La implementación de proyectos sociales y comunitarios no está exenta de desafíos. Es interesante analizar los obstáculos encontrados durante la ejecución del convenio y las lecciones aprendidas que han ayudado a mejorar las futuras iniciativas.

7: Impacto en la Comunidad

El impacto del convenio en la comunidad ha sido significativo. Explora cómo las actividades y proyectos han promovido la cohesión social, mejorado la calidad de vida y fomentado un sentido de esperanza y solidaridad entre los beneficiarios.

8: Reflexiones y Futuro

Los líderes de INABIF y la Iglesia Adventista reflexionan sobre el éxito del convenio y sus planes para el futuro.

Se discuten las estrategias para continuar y expandir la cooperación, asegurando que más personas puedan beneficiarse de estas iniciativas.

9: Conclusión

La historia del convenio entre INABIF y la Iglesia Adventista del Séptimo Día es un testimonio del poder de la colaboración y el compromiso con el bienestar social. Da un mensaje de esperanza e inspiración, destacando cómo las alianzas pueden marcar una diferencia significativa en la vida de las personas.

12. PATRICK LINTON ALLEN: GOBERNADOR GENERAL DE JAMAICA

* **Biografía**: Adventista nombrado nuevo gobernador general de Jamaica.
* **Impacto**: Liderazgo en el ámbito gubernamental.

Fe y Liderazgo: La Historia de Patrick Allen

1: Introducción

Patrick Linton Allen, un adventista del séptimo día, ha sido una figura destacada en la política de Jamaica. Nombrado Gobernador General de Jamaica el 26 de febrero de 2,009, su liderazgo y compromiso con el servicio han dejado una marca indeleble en la nación.

2: Primeros Años

Nacido el 7 de febrero de 1,951 en Portland, Jamaica, Allen creció en una familia adventista, donde los valores de fe y servicio fueron fundamentales. Explora su infancia, educación y los principios que moldearon su carácter y visión de liderazgo.

3: Carrera Profesional

Antes de su incursión en la política, Allen tuvo una carrera diversa, incluyendo roles en la educación y la administración. Fue profesor y más tarde presidente de la Universidad del Norte del Caribe, donde demostró su habilidad para liderar y gestionar grandes organizaciones.

4: Entrada en la Política

La transición de Allen a la política fue impulsada por su

deseo de servir a su país en un ámbito más amplio. Este capítulo detalla su camino hacia el cargo de Gobernador General, incluyendo su trabajo en la Iglesia Adventista y su papel en la promoción de la unidad y el desarrollo en Jamaica.

5: Liderazgo como Gobernador General

Desde su nombramiento, Allen ha trabajado incansablemente para mejorar la vida de los ciudadanos de Jamaica. Su enfoque en la educación, la salud y el bienestar social ha sido fundamental para su administración. Es interesante explorar sus políticas y logros más significativos.

6: Desafíos y Resiliencia

El liderazgo de Allen no ha estado exento de desafíos. Desde crisis económicas hasta desastres naturales, ha enfrentado numerosas pruebas con determinación y resiliencia. Es interesante analizar cómo ha manejado estas situaciones y las lecciones aprendidas.

7: Impacto y Legado

El impacto de Patrick Allen en Jamaica va más allá de sus logros políticos. Su dedicación al servicio público y su capacidad para liderar con integridad y compasión han dejado una marca duradera en la nación. Es interesante reflexionar sobre su legado y cómo su vida y carrera continúan inspirando a otros.

8: Reflexiones Personales

Allen comparte sus pensamientos sobre su vida, sus logros y los desafíos que ha enfrentado. Ofrece una visión personal de su fe, su familia y su visión para el futuro de Jamaica.

9: Conclusión

La historia de Patrick Allen es un testimonio de la resiliencia, el liderazgo y la fe. Recibimos un mensaje de esperanza e inspiración, destacando cómo un hombre puede marcar la diferencia en su país y en el mundo.

13. LEY "DÍA ADVENTISTA" EN BRASIL

★ **Historia**: Estado de Brasil declara el 22 de octubre como Día Adventista.

★ **Impacto**: Reconocimiento oficial de la contribución adventista.

Un Día para Recordar: La Declaración del Día Adventista en Brasil

1: Introducción

El 22 de octubre es una fecha de gran relevancia para los adventistas del séptimo día en todo el mundo. En Brasil, esta fecha ha sido oficialmente reconocida como el "Día Adventista" gracias a un decreto del estado de São Paulo. Existe un escrito donde se narra la historia detrás de esta declaración y su impacto en la comunidad adventista y la sociedad en general.

2: Historia del Día Adventista

El 16 de octubre de 2,017, el gobernador del estado de São Paulo, Geraldo Alckmin, promulgó una ley que establece oficialmente el 22 de octubre de cada año como el "Día Adventista". Esta fecha es de gran importancia para los adventistas, ya que conmemora el "Gran Chasco" de 1844, un evento crucial en la historia de la Iglesia Adventista del Séptimo Día.

3: Significado del 22 de Octubre

El 22 de octubre de 1,844, un grupo de cristianos, tras estudiar las profecías bíblicas, concluyó que Jesús regresaría a la Tierra en esa fecha. Aunque el evento no ocurrió como esperaban, este día marcó el nacimiento de la Iglesia Adventista del Séptimo Día, que continuó profundizando en el estudio de la Biblia y fortaleciendo su fe.

4: Proceso de Declaración

Es interesante describir el proceso legislativo que llevó a la declaración del Día Adventista en el estado de São Paulo. Incluye las discusiones en el cuerpo legislativo estatal, el apoyo de la comunidad adventista y la firma del proyecto de ley por parte del gobernador.

5: Impacto en la Comunidad Adventista

La declaración oficial del Día Adventista ha tenido un impacto significativo en la comunidad adventista de Brasil. Podemos explorar cómo esta fecha ha sido celebrada y cómo ha fortalecido la identidad y la unidad de los adventistas en el país.

6: Contribuciones de los Adventistas en Brasil

Los adventistas del séptimo día han realizado contribuciones notables a la sociedad brasileña en áreas como la educación, la salud, la libertad religiosa y el desarrollo social. Se han destacado algunos de los proyectos y programas más importantes impulsados por la Iglesia Adventista en Brasil.

7: Testimonios y Celebraciones

Los testimonios de los miembros de la comunidad adventista ofrecen una perspectiva personal del significado del Día Adventista. Historias de fe, celebraciones y eventos especiales, han marcado esta fecha en los últimos años.

8: Reflexiones y Futuro

Los líderes adventistas reflexionan sobre el significado del Día Adventista y sus planes para el futuro. Se discuten las estrategias para continuar promoviendo los valores adventistas y expandir su impacto positivo en la sociedad brasileña.

9: Conclusión

La declaración del Día Adventista en Brasil es un testimonio del reconocimiento oficial de las contribuciones de la Iglesia Adventista del Séptimo Día. Se destaca cómo la fe y el servicio pueden marcar una diferencia significativa en la vida de las personas y en la sociedad.

14. USAIN BOLT: ATLETA

★ **Historia**: Relación cercana con la Iglesia Adventista.

★ **Impacto**: Influencia positiva en el deporte y la fe.

Velocidad y Fe: La Historia de Usain Bolt

1: Introducción

Usain Bolt, conocido como el hombre más rápido del mundo, no solo ha dejado una marca indeleble en el atletismo, sino que también ha mantenido una relación cercana con la Iglesia Adventista del Séptimo Día. Por tal motivo, este libro menciona su vida, su fe y cómo ha influido positivamente en el deporte y en la comunidad religiosa.

2: Primeros Años

Nacido el 21 de agosto de 1,986 en Sherwood Content, Jamaica, Bolt creció en un hogar adventista. Asistía a la Iglesia Adventista del Séptimo Día de Sherwood Content junto a su familia, donde los valores de fe y disciplina fueron fundamentales en su formación.

3: Carrera Deportiva

Bolt comenzó a destacar en el atletismo desde joven, y su talento lo llevó a convertirse en una leyenda del deporte. Es interesante el detalle de su ascenso en el mundo del atletismo, sus récords mundiales y sus victorias en los Juegos Olímpicos y Campeonatos Mundiales.

4: La Influencia de la Fe

Aunque Bolt no es un miembro activo de la Iglesia

Adventista en la actualidad, su educación adventista ha tenido una influencia duradera en su vida. Es muy interesante explorar cómo su fe y los valores inculcados por su familia han guiado su carrera y su vida personal.

5: Contribuciones y Filantropía

Bolt ha utilizado su fama y éxito para contribuir a diversas causas benéficas. Se destaca su trabajo filantrópico, incluyendo su apoyo a la educación y el deporte en Jamaica, y cómo su fe ha inspirado su deseo de ayudar a los demás.

6: Testimonios y Reflexiones

Los testimonios de familiares, amigos y compañeros de entrenamiento ofrecen una visión personal de Bolt y su relación con la fe. Son interesantes las historias y anécdotas que muestran el impacto de su educación adventista en su vida y carrera.

7: Impacto en la Comunidad Adventista

La relación de Bolt con la Iglesia Adventista ha sido una fuente de inspiración para muchos. Es interesanteexplorar cómo su éxito ha influido en la comunidad adventista y cómo ha servido como un modelo a seguir para los jóvenes adventistas.

8: Reflexiones Personales

Bolt comparte sus pensamientos sobre su vida, sus logros y los desafíos que ha enfrentado. Ofrece una visión personal de su fe, su familia y su visión para el futuro del atletismo y su legado.

9: Conclusión

La historia de Usain Bolt es un testimonio de la combinación de talento, trabajo duro y fe. Definitivamente ofrece un mensaje de esperanza e inspiración, destacando cómo la fe y la dedicación pueden llevar a grandes logros en el deporte y en la vida.

15. FLOYD MORRIS: SENADOR CIEGO

* **Historia**: Elegido a la Comisión de la ONU para Personas con Discapacidades.
* **Impacto**: Ejemplo de superación y liderazgo.

Superación y Liderazgo: La Historia de Floyd Morris

1: Introducción

Floyd Morris, un destacado político y académico jamaicano, ha demostrado que la discapacidad no es una barrera para el liderazgo y el servicio. Elegido como miembro de la Comisión de las Naciones Unidas para Personas con Discapacidades, su vida es un testimonio de superación y dedicación.

2: Primeros Años

Nacido el 23 de julio de 1,969 en Bailey's Vale, Jamaica, Morris comenzó a perder la vista durante la secundaria debido a un glaucoma. A los 20 años, quedó completamente ciego. Explora su infancia, los desafíos que enfrentó y cómo su familia y su fe adventista lo apoyaron en su camino.

3: Educación y Formación

A pesar de su discapacidad, Morris no dejó que esto detuviera su educación. Aprendió Braille y completó sus estudios secundarios en Mico Evening College. Posteriormente, obtuvo una licenciatura en Comunicación de Masas y una maestría en Filosofía en Gobierno de la Universidad de las Indias Occidentales (UWI). Observa su trayectoria educativa y cómo superó los obstáculos para alcanzar sus metas académicas.

4: Carrera Política

En 1,998, Morris se convirtió en el primer miembro ciego del Senado de Jamaica. Su carrera política incluye roles como Ministro de Estado en el Ministerio de Trabajo y Seguridad Social y Presidente del Senado de Jamaica. Este capítulo explora su impacto en la política jamaicana y su trabajo en defensa de los derechos de las personas con discapacidad.

5: Elección a la Comisión de la ONU

El 30 de noviembre de 2,020, Morris fue elegido como miembro de la Comisión de las Naciones Unidas para Personas con Discapacidades. Es interesante como se narra el proceso de su elección, sus responsabilidades en la comisión y su visión para mejorar la vida de las personas con discapacidad a nivel global.

6: Impacto y Logros

El impacto de Morris va más allá de sus logros políticos. dedicación a la educación y la inclusión ha inspirado a muchos. Se destacan algunos de sus proyectos más importantes y los premios que ha recibido, incluyendo el Premio a la Excelencia en la Reforma de la Discapacidad del Primer Ministro de Jamaica.

7: Testimonios y Reflexiones

Los testimonios de colegas, amigos y familiares ofrecen una visión personal de Morris y su influencia. Hay historias y anécdotas que muestran su carácter y determinación.

8: Reflexiones Personales

Morris comparte sus pensamientos sobre su vida, sus

logros los desafíos que ha enfrentado y ofrece una visión personal de su fe, su familia y su visión para el futuro de la inclusión y la accesibilidad.

9: Conclusión

La historia de Floyd Morris es un testimonio de la resiliencia, el liderazgo y la fe. Su historia brinda un mensaje de esperanza e inspiración, destacando cómo un hombre puede marcar la diferencia en su país y en el mundo.

16. T. MILTON STREET SR.: SENADOR

★ **Biografía:** Ex senador, activista y líder juvenil adventista.

★ **Impacto:** Servicio comunitario y político.

De la Calle al Senado: La Historia de T. Milton Street Sr.

1: Introducción

T. Milton Street Sr., un ex senador y activista, ha sido una figura influyente en la política y el servicio comunitario en Filadelfia. Con una historia de superación y dedicacion, su vida es un testimonio de liderazgo y compromiso con la comunidad.

2: Primeros Años

Nacido el 25 de abril de 1,941 en Norristown, Pensilvania, Street creció en una familia adventista del séptimo día. Asistió a Oakwood College en Huntsville, Alabama, y a la Universidad de Temple. Investigue sobre su infancia, educación y los valores que moldearon su carácter y visión de liderazgo.

3: Carrera Profesional

Antes de su incursión en la política, Street fue un emprendedor, conocido por su negocio de venta de hot dogs en las calles de Filadelfia. Su espíritu emprendedor y su capacidad para conectar con la gente lo llevaron a convertirse en una figura respetada en su comunidad.

4: Activismo y Entrada en la Política

Street comenzó su carrera política como activista,

desafiando las ordenanzas de venta y vivienda de la ciudad. Fue elegido a la Cámara de Representantes de Pensilvania en 1,978 y al Senado Estatal en 1,980 2. Es interesante el detalle de su activismo y su transición a la política, incluyendo su cambio de partido de Demócrata a Republicano para dar control del Senado Estatal a los republicanos.

5: Servicio en el Senado

Durante su tiempo en el Senado Estatal, Street se destacó por su trabajo en desarrollo comunitario y económico. Fue vicepresidente del Comité de Desarrollo Comunitario y Económico y presidente del Comité de Asuntos Urbanos y Vivienda. Ha tenido logros legislativos y su impacto en la comunidad.

6: Desafíos y Controversias

La carrera de Street no estuvo exenta de desafíos. Enfrentó varias campañas electorales fallidas y controversias, incluyendo cargos federales de impuestos. Manejó desafíos ha aprendido lecciones en su carrera.

7: Impacto y Legado

El impacto de T. Milton Street Sr. en Filadelfia y más allá es significativo. Su dedicacion al servicio comunitario y su capacidad para superar obstáculos han dejado una marca duradera. Reflexiona sobre su legado y cómo su vida y carrera continúan inspirando a otros.

8: Reflexiones Personales

Street comparte sus pensamientos sobre su vida, sus logros, los desafíos que ha enfrentado y nos regala una visión personal de su fe, su familia y su visión para el futuro del servicio comunitario y la política.

9: Conclusión

La historia de T. Milton Street Sr. es un testimonio de la resiliencia, el liderazgo y la fe. Un hombre puede marcar la diferencia en su comunidad y en el mundo.

17. JAMES MARAPE, PRIMER MINISTRO DE PAPÚA NUEVA GUINEA

★ **Biografía**: Adventista nombrado primer ministro.
★ **Impacto**: Liderazgo en el ámbito político.

Liderazgo y Fe: La Historia de James Marape

1: Introducción

James Marape, un adventista del séptimo día, ha sido una figura destacada en la política de Papúa Nueva Guinea. Fue nombrado con el cargo de Primer Ministro en la fecha del 30 de mayo del 2,019.

2: Primeros Años

Nacido el 24 de abril de 1,971 en Tari, Provincia de Hela, Papúa Nueva Guinea, Marape creció en una familia adventista. Desde joven se interesa en los estudios y en servir a la comunidad. Su infancia, educación y los valores moldearon su carácter para tener la visión de liderazgo.

3: Formación Académica

Marape asistió a la Universidad de Papúa Nueva Guinea, donde obtuvo una licenciatura en Artes y una maestría en Gestión Empresarial. Esto le ayudo para formarse para la carrera politica.

4: Carrera Política

En 2,007 le eligieron como parte del parlamento Nacional de Papua Nueva Guinea representando el electorado de Tari-Pori. La historia detalla su ascenso en la política, incluyendo su tiempo como Ministro de Finanzas y su papel en la promoción de la transparencia y la responsabilidad fiscal.

5: Nombramiento como Primer Ministro

El 30 de Mayo del 2,019 fue nombrado Primer Ministro de Papúa Nueva Guinea. Narra que Dios dirije los eventos que llevaron a su nombramiento, sus primeras acciones como Primer Ministro y su visión para el futuro del país.

6: Liderazgo y Logros

Marape trabaja con el objetivo de mejorar las finanzas de Papúa Nueva Guinea, combate la corrupcion y agiliza trabajos de desarrollo sostenible. Es interesante explorar sus políticas y logros más significativos, incluyendo su enfoque en la educación, la salud y la infraestructura.

7: Desafíos y Resiliencia

El liderazgo de Marape no ha estado exento de desafíos. Desde crisis económicas hasta desastres naturales, ha enfrentado numerosas pruebas con determinación y resiliencia. Es interesante analizar cómo ha manejado estas situaciones y las lecciones aprendidas.

8: Impacto y Legado

El impacto de James Marape en Papúa Nueva Guinea va más allá de sus logros políticos. Su dedicación al servicio público y su capacidad para liderar con integridad y compasión han dejado una marca duradera en la nación. Reflexiona sobre su legado y cómo su vida y carrera continúan inspirando a otros.

9: Reflexiones Personales

Marape comparte sus pensamientos sobre su vida, sus logros y los desafíos que ha enfrentado. Ofrece una visión personal de su fe, su familia y su visión para el futuro de Papúa Nueva Guinea.

10: Conclusión

La historia de James Marape es un testimonio de la resiliencia, el liderazgo y la fe. Su historia contiene un mensaje de esperanza e inspiración, destacando cómo un hombre puede marcar la diferencia en su país y en el mundo.

18. PASTOR ERIC RIOS: CAPELLÁN P. R.

* **Biografía**: Capellán de Homeland Security en el gobierno de Puerto Rico.
* **Impacto**: Reconocido por su servicio y liderazgo en la comunidad adventista y en el gobierno.

Fe y Servicio: La Historia del Pr. Eric Rios

1: Introducción

El Pastor Eric Rios ha dedicado su vida al servicio y liderazgo, tanto en la comunidad adventista como en el gobierno de Puerto Rico. Como capellán de Homeland Security, su trabajo ha sido reconocido por su impacto positivo y su compromiso con la fe y la comunidad. Cabe destacar que es el presidente del hogar "**El toque del Maestro**" para personas adictas; y del "**Hogar Alma**" para personas con desordenes sensoriales. Ambos hogares han contribuido al bienestar de personas en mucha necesidad. Por decadas se han escuchado testimonios del poder transformador de Dios de personas que han estado en estos programas.

2: Primeros Años

Nacido en Puerto Rico, Eric Rios creció en un hogar adventista, donde los valores de fe y servicio fueron fundamentales. Su infancia, su educación y sus principios moldearon su carácter y vocación.

3: Formación Académica y Ministerial

Rios se formó en teología y consejería pastoral, obteniendo varios títulos que le permitieron servir de manera efectiva en su comunidad. Tiene una trayectoria educativa y sus estudios han influido en su carrera ministerial.

4: Carrera en el Ministerio

Como pastor y director de la Agencia Adventista de Desarrollo y Recursos Asistenciales (ADRA) en la Asociación Puertorriqueña del Este de los Adventistas del Séptimo Día, el Pr. Ríos ha realizado proyectos para ayudar a la comunidad y al desarrollo social. Es interesante explorar sus logros en el ministerio y su impacto en la comunidad adventista.

5: Capellán de Homeland Security

En su rol como capellán de Homeland Security en el gobierno de Puerto Rico, Rios ha brindado apoyo espiritual y emocional a los empleados y sus familias. Su trabajo en esta posición, incluye los desafíos y las recompensas de servir en un entorno gubernamental.

6: Reconocimientos y Logros

El servicio y liderazgo de Rios han sido reconocidos tanto dentro como fuera de la comunidad adventista. Algunos premios y reconocimientos ha recibido por su dedicación y compromiso con el bienestar de los demás.

7: Testimonios y Reflexiones

Los testimonios de colegas, amigos y miembros de la comunidad ofrecen una visión personal del impacto de Rios. Interesantes historias y anécdotas muestran su carácter y dedicación al servicio.

8: Impacto en la Comunidad

El impacto de Eric Rios en la comunidad es profundo y duradero. Su trabajo ha mejorado la vida de muchas personas y ha fortalecido la cohesión social. Reflexione sobre su legado y cómo su vida y carrera continúan inspirando a otros.

9: Reflexiones Personales

Rios comparte sus pensamientos sobre su vida, sus logros y los desafíos que ha enfrentado. Ofrece una visión personal de su fe, su familia y su visión para el futuro del servicio carvelario, comunitario y el ministerio.

10: Conclusión

La historia del Pastor Eric Rios es un testimonio de la dedicación, la fe y el servicio. Su obra ofrece un mensaje de esperanza y motiva a otros. Un hombre en las manos de Dios, puede marcar la diferencia en su comunidad y en el mundo.

19. KEN D. BILIMA: EMBAJADOR

- ★ **Biografía**: Embajador de Malawi ante los gobiernos de Kenya, Uganda, Sudán, Pakistán y Sri Lanka.
- ★ **Impacto**: Ejemplo de diplomacia y representación internacional.

Diplomacia y Fe: La Historia de Ken D. Bilima

1: Introducción

Ken D. Bilima, un destacado diplomático adventista de Malawi, ha servido como embajador ante los gobiernos de Kenya, Uganda, Sudán, Pakistán y Sri Lanka. Su carrera es un testimonio de liderazgo, diplomacia y compromiso con la representación internacional.

2: Primeros Años

Nacido en Malawi, Bilima creció en una familia adventista, donde los valores de fe y servicio fueron fundamentales.

3: Formación Académica y Profesional

Bilima obtuvo su educación terciaria en instituciones de renombre, lo que le proporcionó una sólida base para su futura carrera diplomática. Este capítulo detalla su trayectoria educativa y cómo sus estudios han influido en su carrera profesional.

4: Carrera en la Iglesia Adventista

Antes de su incursión en la diplomacia, Bilima sirvió en la Iglesia Adventista como profesor, administrador escolar y director de Educación para la Unión del Malawi. Note sus contribuciones en el ámbito educativo y su impacto en la comunidad adventista.

5: Nombramiento como Embajador

En 2,003, Bilima fue nombrado embajador de Malawi ante los gobiernos de Kenya, Uganda, Sudán, Pakistán y Sri Lanka. Algunos eventos llevaron a su nombramiento, sus primeras acciones como embajador y su visión para la representación de Malawi en el ámbito internacional.

6: Liderazgo y Logros Diplomáticos

Durante su tiempo como embajador, Bilima trabajó incansablemente para fortalecer las relaciones entre Malawi y los países a los que fue asignado. Ha tenido logros diplomáticos y promociona la cooperación internacional y la paz.

7: Desafíos y Resiliencia

El liderazgo de Bilima ha tenidocrisis diplomáticas y problemas internos, más con determinación los ha manejado aprendiendo lecciones.

8: Impacto y Legado

El impacto de Ken D. Bilima en la diplomacia y la representación internacional es significativo. Su dedicación al servicio público y su capacidad para liderar con integridad y compasión han dejado una marca duradera. Este capítulo reflexiona sobre su legado y cómo su vida y carrera continúan inspirando a otros.

9: Reflexiones Personales

Bilima comparte sus pensamientos sobre su vida, sus logros y los desafíos que ha enfrentado. Ofrece una visión personal de su fe, su familia y su visión para el futuro de la diplomacia y la representación internacional.

10: Conclusión

La historia de Ken D. Bilima es un testimonio de la resiliencia, el liderazgo y la fe. Brinda un mensaje de esperanza e inspiración, destacando cómo un hombre puede marcar la diferencia en su país y en el mundo.

20. HANLEY RAMÍREZ: PELOTERO

★ **Biografía:** Pelotero dominicano de Grandes Ligas.
★ **Logros:** Novato del Año de la Liga Nacional en 2006, tres veces All-Star, y campeón de bateo de la Liga Nacional en 2009.

Velocidad y Poder: La Historia de Hanley Ramírez

1: Introducción

Hanley Ramírez, un destacado jugador de béisbol dominicano, ha dejado una marca indeleble en las Grandes Ligas. Conocido por su velocidad y poder, Ramírez ha sido una figura influyente tanto dentro como fuera del campo. Es interesante explorar su vida, su carrera y su impacto en el deporte.

2: Primeros Años

Nacido el 23 de diciembre de 1,983 en Samaná, República Dominicana, Ramírez creció en una familia apasionada por el béisbol. Desde joven, mostró un talento excepcional para el deporte, lo que lo llevó a ser descubierto por scouts de las Grandes Ligas. Es interesante explorar su infancia, su educación y los primeros pasos en su carrera deportiva.

3: Carrera en las Ligas Menores

Ramírez firmó con los Boston Red Sox como agente libre internacional en julio de 2,000, a la edad de 16 años. Es interesante el detalle de toda su trayectoria en las ligas menores, incluyendo sus impresionantes estadísticas y su rápido ascenso a las Grandes Ligas.

4: Debut en las Grandes Ligas

El 20 de septiembre de 2,005, Ramírez hizo su debut en las Grandes Ligas con los Boston Red Sox.. Tuvo una transición a las Grandes Ligas, sus primeros éxitos y desafíos que enfrentó como novato.

5: Éxito con los Marlins

En 2,006, Ramírez fue transferido a los Florida Marlins, donde rápidamente se estableció como uno de los mejores jugadores jóvenes de la liga. Ganó el premio al Novato del Año de la Liga Nacional en 2,006 y se convirtió en un tres veces All-Star.Es interesante explorar como fueron sus años con los Marlins y sus logros más destacados.

6: Carrera con los Dodgers y los Red Sox

Ramírez continuó su carrera con los Los Angeles Dodgers y luego regresó a los Boston Red Sox. Sus contribuciones a ambos equipos, incluyendo sus estadísticas y momentos memorables en el campo son de admirar.

7: Últimos Años y Retiro

En 2019, Ramírez jugó su última temporada en las Grandes Ligas con los Cleveland IndiansSu historia incluye los últimos años como jugador profesional, su retiro y sus reflexiones sobre su carrera.

8: Impacto y Legado

El impacto de Hanley Ramírez en el béisbol es significativo. Con su velocidad, poder, y dedicación al deporte, inspira a muchos jóvenes jugadores. Reflexiona sobre su legado y cómo su vida y carrera continúan influyendo en el béisbol.

9: Vida Personal y Fe

Ramírez mantiene su relación con la Iglesia Adventista del Séptimo Día, y ha influido mucho en su vida personal y profesional. Explora su fe, su familia y cómo ha equilibrado su vida personal con su carrera deportiva.

10: Conclusión

La historia de Hanley Ramírez es un testimonio de talento, dedicación, fe y un mensaje de esperanza e inspiración, destacando cómo un hombre puede marcar la diferencia en el deporte y en la vida.

21. MARCELO QUEIROGA: MÉDICO

* **Biografía**: Médico cardiologista y ex Ministro de Salud de Brasil.
* **Impacto**: Liderazgo en la salud pública durante la pandemia de COVID-19.

Liderazgo en Tiempos de Crisis: La Historia de Marcelo Queiroga

1: Introducción

Marcelo Antônio Cartaxo Queiroga Lopes, un destacado cardiólogo brasileño, ha jugado un papel crucial en la salud pública de Brasil. Nombrado Ministro de Salud el 23 de marzo de 2,021, su liderazgo durante la pandemia de COVID-19 ha sido fundamental para el país. En estos tiempos de incertidumbre, su compromiso y dedicación han sido una fuente de esperanza y fortaleza para muchos.

2: Primeros Años

Nacido el 1 de diciembre de 1,963 en João Pessoa, Paraíba, Queiroga mostró desde joven una gran dedicación a sus estudios y una pasión por la medicina. Este capítulo explora su infancia, su educación y los principios que moldearon su carácter y vocación. Desde temprana edad, Marcelo demostró un profundo sentido de responsabilidad y un deseo ferviente de servir a los demás, valores que han guiado su camino profesional.

3: Formación Académica y Profesional

Queiroga se formó como médico en la Universidad Federal de Paraíba y se especializó en cardiología. Su carrera médica incluye roles como presidente de la Sociedad Brasileña de Cardiología y director de varios hospitales y clínicas. Su trayectoria educativa y profesional, sus estudios y experiencia han influido en su carrera. La excelencia académica y el compromiso con la salud pública han sido pilares en su vida, reflejando su dedicación a mejorar la calidad de vida de sus pacientes.

4: Carrera en la Salud Pública

Antes de su nombramiento como Ministro de Salud, Queiroga ya había contribuido significativamente al campo de la cardiología en Brasil. Investiga sus logros en la salud pública, incluyendo su trabajo en la promoción de la salud cardiovascular y la implementación de políticas de salud. Su visión integral de la salud y su capacidad para liderar equipos multidisciplinarios han sido clave en su éxito.

5: Nombramiento como Ministro de Salud

El 23 de marzo de 2,021, Queiroga fue nombrado Ministro de Salud de Brasil por el presidente Jair Bolsonaro, en medio de la pandemia de COVID-19. Sus primeras acciones como ministro y su visión para la gestión de la pandemia en un momento crítico, su liderazgo y su enfoque fue basado en la ciencia y han sido esenciales para enfrentar los desafíos de la crisis sanitaria.

6: Liderazgo durante la Pandemia de COVID-19

Durante su mandato, Queiroga enfrentó el desafío de gestionar la respuesta de Brasil a la pandemia de COVID-19. Explora sus políticas y estrategias para combatir el virus, incluyendo la campaña de vacunación y las medidas de salud pública implementadas para proteger a la población. Su capacidad para tomar decisiones informadas y su empatía hacia los afectados han sido fundamentales en su gestión, demostrando que el liderazgo efectivo se basa en la compasión y el conocimiento.

7: Desafíos y Resiliencia

El liderazgo de Marcelo Queiroga no ha estado exento de desafíos. Desde la gestión de la crisis sanitaria hasta las controversias políticas, ha enfrentado numerosas pruebas con determinación y resiliencia. Analiza cómo ha manejado estas situaciones y las lecciones aprendidas. En cada obstáculo, Queiroga ha demostrado una fe inquebrantable y una capacidad para adaptarse y superar las adversidades, reflejando así los principios de perseverancia y fortaleza que guían su vida.

8: Impacto y Legado

El impacto de Marcelo Queiroga en la salud pública de Brasil es significativo. Su dedicación al servicio público y su capacidad para liderar en tiempos de crisis han dejado una marca duradera en la nación. Reflexiona sobre su legado y cómo su vida y carrera continúan inspirando a otros. La influencia de Queiroga se extiende más allá de sus logros inmediatos, sembrando semillas de cambio y esperanza en el corazón de aquellos que buscan servir con integridad y compasión.

9: Reflexiones Personales

Queiroga comparte sus pensamientos sobre su vida, sus logros y los desafíos que ha enfrentado. Ofrece una visión personal de su fe, su familia y su visión para el futuro de la salud pública en Brasil. Sus reflexiones nos invitan a considerar la importancia de la humildad, la gratitud y la dedicación en nuestro propio camino, recordándonos que cada desafío es una oportunidad para crecer y servir mejor a nuestra comunidad.

10: Conclusión

La historia de Marcelo Queiroga es un testimonio de

la resiliencia, el liderazgo y la dedicación al servicio público. Nos ofrece un mensaje de esperanza e inspiración, destacando cómo un hombre puede marcar la diferencia en su país y en el mundo. Queiroga nos enseña que, con fe y determinación, podemos enfrentar cualquier adversidad y contribuir al bienestar de nuestra sociedad, dejando un legado de amor y servicio que perdurará por generaciones.

22. DR. BARRY BLACK: CAPELLÁN USA

* **Biografía**: Capellán del Senado de los Estados Unidos.
* **Logros**: Primer afroamericano y adventista en ocupar este cargo, con una distinguida carrera en la Marina de USA.

Fe y Servicio: La Historia del Dr. Barry Black

1: Introducción

El Dr. Barry Clayton Black ha dejado una huella imborrable en la historia de los Estados Unidos como el primer afroamericano y adventista del séptimo día en ocupar el cargo de Capellán del Senado. Su distinguida carrera en la Marina de los Estados Unidos. Y su liderazgo espiritual han sido una fuente de inspiración para muchos. En cada paso de su camino, Black ha demostrado un compromiso inquebrantable con su fe y su vocación de servicio.

2: Primeros Años

Nacido el 1 de noviembre de 1,948 en Baltimore, Maryland, Black creció en un hogar donde la educación y la religión eran pilares fundamentales. Es interesante explorar su infancia, su educación temprana y los valores que moldearon su carácter y vocación. Desde joven, Barry mostró una profunda devoción a Dios y un deseo ferviente de aprender, valores que han guiado su vida y carrera.

3: Formación Académica y Ministerial

Black obtuvo su B.A. en Teología de Oakwood College en

1,970, su M.Div. de la Universidad de Andrews en 1,972, y su M.A. en Consejería de la Universidad de Pepperdine. Por su trayectoria educativa, sus estudios han influido en su carrera ministerial y militar. La excelencia académica y el compromiso con el servicio espiritual han sido constantes en su vida, reflejando su dedicación a la misión de servir a los demás.

4: Carrera en la Marina de los EE.UU.

Antes de su nombramiento como Capellán del Senado, Black sirvió en la Marina de USA. durante más de 27 años, alcanzando el rango de Contralmirante y sirviendo como Jefe de Capellanes de la Marina. Explora sus logros en la Marina, incluyendo su liderazgo y su impacto en la vida de los marineros y sus familias. Su capacidad para guiar y apoyar a otros en tiempos de desafío ha sido una constante en su carrera.

5: Nombramiento como Capellán del Senado

El 27 de junio de 2,003, Black fue nombrado el 62º Capellán del Senado de los Estados Unidos, convirtiéndose en el primer afroamericano y adventista en ocupar este cargo. Es interesante como Dios fue su dirigente mediante los eventos que llevaron a su nombramiento, sus primeras acciones como capellán y su visión para el liderazgo espiritual en el Senado. En este rol, Black ha sido una luz de guía y consuelo para muchos, ofreciendo sabiduría y apoyo en momentos críticos.

6: Liderazgo Espiritual en el Senado

Desde su nombramiento, Black ha proporcionado orientación espiritual y apoyo a los senadores y al personal del Senado. Sus sermones, oraciones y programas de apoyo espiritual, han influido en la vida de aquellos a quienes sirve. Su enfoque en la compasión y la integridad ha dejado una marca indeleble en la comunidad del Senado.

7: Desafíos y Resiliencia

El liderazgo de Black no ha estado exento de desafíos. Desde crisis políticas hasta eventos nacionales significativos, ha enfrentado numerosas pruebas con determinación y fe. Es bueno analizar cómo ha manejado estas situaciones y las lecciones aprendidas. En cada desafío, Black ha demostrado una resiliencia y una fe inquebrantables, sirviendo como un ejemplo de fortaleza y perseverancia.

8: Impacto y Legado

El impacto del Dr. Barry Black en la comunidad adventista y en la nación es profundo y duradero. Su dedicación al servicio público y su capacidad para liderar con integridad y compasión han dejado una marca significativa. Reflexiona sobre su legado y cómo su vida y carrera continúan inspirando a otros. La influencia de Black se extiende más allá de sus logros inmediatos, inspirando a futuras generaciones a servir con amor y dedicación.

9: Reflexiones Personales

Black comparte sus pensamientos sobre su vida, sus logros y los desafíos que ha enfrentado. Ofrece una visión personal de su fe, su familia y su visión para el futuro del liderazgo espiritual en los Estados Unidos. Sus reflexiones nos invitan a considerar la importancia de la humildad, la gratitud y la dedicación en nuestro propio camino, recordándonos que cada desafío es una oportunidad para crecer y servir mejor a nuestra comunidad.

10: Conclusión

La historia del Dr. Barry Black es un testimonio de la resiliencia, el liderazgo y la fe. El ofrece un mensaje de esperanza e inspiración, destacando cómo un hombre puede marcar la diferencia en su país y en el mundo. Black nos enseña que, con fe y determinación, podemos enfrentar cualquier adversidad y contribuir al bienestar de nuestra sociedad, dejando un legado de amor y servicio que perdurará por generaciones.

23. HERBERT BLOMSTEDT: ORQUESTA

* **Biografía:** Director de orquesta.
* **Logros:** Recibió el Premio Opus Klassik.
* **Impacto:** Reconocido por su contribución a la música clásica.

Sinfonía de Vida: La Historia de Herbert Blomstedt

1: Introducción

Herbert Blomstedt, un renombrado director de orquesta sueco-estadounidense, ha dejado una marca indeleble en el mundo de la música clásica. Con una carrera que abarca más de seis décadas, Blomstedt ha sido reconocido por su excelencia y dedicación, incluyendo la recepción del prestigioso Premio Opus Klassik. Su vida y obra son un testimonio de la pasión y el compromiso con el arte de la música.

2: Primeros Años

Nacido el 11 de julio de 1,927 en Springfield, Massachusetts, Blomstedt creció en una familia sueca que valoraba profundamente la música y la educación. Al estudiar su infancia, su educación temprana y sus principios nos damos cuenta que moldearon su amor por la música. Desde joven, Herbert mostró una inclinación natural hacia la música, influenciado por un entorno familiar que fomentaba el aprendizaje y la apreciación artística.

3: Formación Académica y Musical

Blomstedt estudió en la Real Academia de Música de Estocolmo y en la Universidad de Uppsala, y continuó su formación en Nueva York, Darmstadt y Basilea. Su trayectoria educativa y sus estudios en dirección orquestal y musicología sentaron las bases para su carrera. La dedicación a su formación académica y musical refleja su búsqueda constante de la excelencia y su profundo respeto por la tradición musical.

4: Debut y Primeros Logros

En 1,954, Blomstedt hizo su debut como director con la Orquesta Filarmónica de Estocolmo. Hay evidencia de sus primeros años como director, incluyendo sus roles como director principal de la Orquesta Filarmónica de Oslo, las orquestas de radio de Suecia y Dinamarca, y la Staatskapelle Dresden. Sus primeros logros fueron un preludio de una carrera llena de éxitos y reconocimientos, marcando el inicio de su influencia en el mundo de la música clásica.

5: Carrera Internacional

Blomstedt ha dirigido algunas de las orquestas más prestigiosas del mundo, incluyendo la Orquesta Sinfónica de San Francisco, donde fue director musical de 1,985 a 1,995. Explora sus contribuciones a la música clásica a nivel internacional, sus giras y sus grabaciones galardonadas. Su capacidad para conectar con músicos y audiencias de diversas culturas ha sido una constante en su carrera, llevando la música clásica a nuevos horizontes.

6: Reconocimientos y Premios

A lo largo de su carrera, Blomstedt ha recibido numerosos premios y reconocimientos, incluyendo el Premio Opus Klassik. Se destacan sus logros más importantes y su impacto en la música clásica. Los premios y reconocimientos son un reflejo de su dedicación y su habilidad para inspirar a través de la música, consolidando su legado como uno de los grandes directores de orquesta de nuestro tiempo.

7: Filosofía y Estilo de Dirección

Conocido por su enfoque meticuloso y su profundo respeto por las partituras, Blomstedt ha sido elogiado por su capacidad para extraer lo mejor de cada orquesta. Es emocionante analizar su filosofía de dirección y su estilo único que lo ha distinguido en el mundo de la música clásica. Su enfoque en la precisión y la autenticidad ha sido clave para su éxito, permitiéndole crear interpretaciones que resuenan profundamente con músicos y audiencias por igual.

8: Impacto y Legado

El impacto de Herbert Blomstedt en la música clásica es profundo y duradero. Su dedicación a la excelencia y su capacidad para inspirar a músicos y audiencias por igual han dejado una marca significativa. Reflexiona sobre su legado y cómo su vida y carrera continúan influyendo en el mundo de la música. La influencia de Blomstedt se extiende más allá de sus logros inmediatos, inspirando a futuras generaciones a perseguir la excelencia y la pasión en la música.

9: Reflexiones Personales

Blomstedt comparte sus pensamientos sobre su vida, sus logros, los desafíos que ha enfrentado y otorga una visión personal de su amor por la música, su familia y su visión para el futuro de la música clásica. Sus reflexiones nos invitan a considerar la importancia de la dedicación, la humildad y la pasión en nuestro propio camino, recordándonos que cada desafío es una oportunidad para crecer y servir mejor a nuestra comunidad.

10: Conclusión

La historia de Herbert Blomstedt es un testimonio de la dedicación, la excelencia y la pasión por la música. Este hombre al servicio de Dios puedo marcar la diferencia en el mundo de la música clásica. Blomstedt nos enseña que, con pasión y compromiso, podemos enfrentar cualquier adversidad y contribuir al bienestar de nuestra sociedad, dejando un legado de amor y servicio que perdurará por generaciones.

24. PASTOR UMA ENO: GOBERNADOR

* **Biografía**: Gobernador del Estado de Akwa Ibom, Nigeria.
* **Impacto**: Liderazgo político y espiritual.

Fe y Liderazgo: La Historia de Pastor Umo Eno

1: Introducción

Pastor Umo Eno, un destacado clérigo y político nigeriano, ha dejado una marca significativa en el estado de Akwa Ibom. Como gobernador y líder espiritual, su vida es un testimonio de dedicación, fe y servicio a la comunidad. Su trayectoria es un reflejo de cómo la fe puede guiar y fortalecer a un líder en tiempos de desafíos y oportunidades.

2: Primeros Años

Nacido el 24 de abril de 1,964 en Ikot Ekpene Udo, en el estado de Akwa Ibom, Nigeria, Eno creció en un hogar donde la fe y la educación eran pilares fundamentales. Su infancia, su educación temprana y los valores moldearon su carácter y vocación. Desde joven, Umo mostró una profunda devoción a Dios y un compromiso con el aprendizaje, valores que han guiado su vida y carrera.

3: Formación Académica y Profesional

Eno asistió a la Universidad de Uyo, donde obtuvo una licenciatura y una maestría en Administración Pública. Su trayectoria educativa y sus estudios han influido en su carrera profesional y ministerial. La excelencia académica y el compromiso con el servicio público han sido constantes en su vida, reflejando su dedicación a mejorar la calidad de vida de su comunidad.

4: Carrera en la Iglesia Adventista

Antes de su incursión en la política, Eno fundó el Ministerio Cristiano Internacional All Nations, donde ha servido como pastor principal. Es saludable explorar sus contribuciones en el ámbito espiritual y su impacto en la comunidad adventista. Su liderazgo espiritual ha sido una fuente de inspiración y guía para muchos, demostrando su capacidad para combinar la fe con el servicio comunitario.

5: Carrera Empresarial

Eno también es un exitoso empresario, fundador y CEO del Grupo Royalty, un conglomerado con intereses en la hospitalidad, la manufactura y el sector de petróleo y gas. Con su trayectoria empresarial ha combinado su fe con su éxito en los negocios. Su habilidad para liderar en el mundo empresarial refleja su compromiso con la integridad y la excelencia en todas las áreas de su vida.

6: Nombramiento como Gobernador

El 29 de mayo de 2,023, Eno fue nombrado Gobernador del Estado de Akwa Ibom. Narra como Dios estuvo en su nombramiento, sus primeras acciones como gobernador y su visión para el desarrollo del estado. En este rol, Eno ha demostrado un liderazgo basado en principios y una visión clara para el futuro de su comunidad.

7: Liderazgo Político y Espiritual

Como gobernador, Eno ha trabajado incansablemente para mejorar la infraestructura, la educación y la salud en Akwa Ibom. Se puede notar cuales son sus políticas y logros más significativos, y cómo ha integrado su liderazgo espiritual en su rol político. Su capacidad para combinar la fe con la política ha sido clave para su éxito, permitiéndole servir a su comunidad con compasión y sabiduría.

8: Desafíos y Resiliencia

El liderazgo de Eno no ha estado exento de desafíos. Desde crisis políticas hasta problemas económicos, ha enfrentado numerosas pruebas con determinación y fe. Ha manejado estas situaciones y hoy goza de lecciones aprendidas. En cada desafío, Eno ha demostrado una resiliencia y una fe inquebrantables, sirviendo como un ejemplo de fortaleza y perseverancia.

9: Impacto y Legado

El impacto de Pastor Umo Eno en Akwa Ibom y más allá es significativo. Su dedicación al servicio público y su capacidad para liderar con integridad y compasión han dejado una marca duradera. Reflexiona sobre su legado y cómo su vida y carrera continúan inspirando a otros. La influencia de Eno se extiende más allá de sus logros inmediatos, inspirando a futuras generaciones a servir con amor y dedicación.

10: Reflexiones Personales

Eno comparte sus pensamientos sobre su vida, sus logros y los desafíos que ha enfrentado. Ofrece una visión personal de su fe, su familia y su visión para el futuro del estado de Akwa Ibom. Sus reflexiones nos invitan a considerar la importancia de la humildad, la gratitud y la dedicación en nuestro propio camino, recordándonos que cada desafío es una oportunidad para crecer y servir mejor a nuestra comunidad.

11: Conclusión

La historia de Pastor Umo Eno es un testimonio de la resiliencia, el liderazgo y la fe. Ofrece un mensaje de esperanza e inspiración, destacando cómo un hombre puede marcar la diferencia en su comunidad y en el mundo. Eno nos enseña que, con fe y determinación, podemos enfrentar cualquier adversidad y contribuir al bienestar de nuestra sociedad, dejando un legado de amor y servicio que perdurará por generaciones.

25. ADRA: RÉCORD GUINNESS

* **Logro**: Construcción de la cama más grande del mundo para recaudar fondos a favor de niños vulnerables.
* **Impacto**: Ejemplo de creatividad y compromiso social.

Un Sueño Gigante: La Historia del Récord Guinness de ADRA

1: Introducción

El 10 de febrero de 2024, la Agencia Adventista de Desarrollo y Recursos Asistenciales (ADRA) en Chile hizo historia al construir la cama más grande del mundo en la ciudad de Chillán. Este logro no solo rompió un récord Guinness, sino que también recaudó fondos para niños vulnerables, demostrando un compromiso inquebrantable con la creatividad y el servicio social. Este evento es un testimonio de cómo la fe y la dedicación pueden transformar vidas y comunidades.

2: La Visión Detrás del Proyecto

Resulta favorable xplorar la inspiración y la planificación detrás del proyecto. ADRA Chile, conocida por su trabajo humanitario, decidió embarcarse en esta ambiciosa tarea para atraer la atención hacia las necesidades de los niños vulnerables y recaudar fondos para sus programas de apoyo. La visión de ADRA es un reflejo de su compromiso con el bienestar de los más necesitados, utilizando la creatividad como una herramienta poderosa para el cambio social.

3: Construcción de la Cama Más Grande del Mundo

La cama, que mide 19,52 metros de ancho por 32,72 metros de largo, fue construida con la ayuda de seis mil conquistadores (scouts) y la colaboración de varias empresas privadas. Es muy interesante como es que se detalla el proceso de construcción, los desafíos técnicos y logísticos, y la emoción de los participantes al ver el proyecto completado. La colaboración y el espíritu de equipo fueron fundamentales para superar los obstáculos y alcanzar este impresionante logro.

4: El Día del Récord

El día del evento fue una celebración de la comunidad y el trabajo en equipo. Los eventos fueron desde el 10 de febrero de 2,024, desde la verificación oficial del récord por parte de los representantes de Guinness World Records hasta las festividades que siguieron. La alegría y el sentido de logro compartido fueron palpables, reflejando el poder de la unidad y la cooperación.

5: Impacto en la Comunidad

El impacto de este logro va más allá del récord en sí. Este capítulo explora cómo la construcción de la cama más grande del mundo ha inspirado a la comunidad, aumentado la visibilidad de ADRA y sus programas, y recaudado fondos cruciales para apoyar a los niños vulnerables. Dicha iniciativa ha fortalecido el sentido de comunidad y ha demostrado que, juntos, podemos lograr grandes cosas.

6: Testimonios y Reflexiones

Los testimonios de los participantes, organizadores y beneficiarios ofrecen una visión personal del impacto del proyecto. Las historias y anécdotas muestran la dedicación y el espíritu de colaboración que hicieron posible este logro. Las voces de aquellos que participaron reflejan el profundo impacto emocional y espiritual de esta experiencia.

7: Reconocimientos y Premios

El reconocimiento del récord Guinness es solo una parte del éxito. Consiguientemente se destacan otros premios y reconocimientos que ADRA Chile ha recibido por su innovación y compromiso con el servicio social. Estos reconocimientos son un testimonio del impacto positivo y duradero de sus esfuerzos en la comunidad.

8: Lecciones Aprendidas

Cada gran proyecto ofrece lecciones valiosas. Analiza las lecciones aprendidas durante la planificación y ejecución del proyecto, y cómo estas experiencias pueden aplicarse a futuros esfuerzos humanitarios y comunitarios. Las lecciones de este proyecto subrayan la importancia de la planificación meticulosa, la colaboración y la resiliencia.

9: Reflexiones Personales

Los líderes de ADRA Chile comparten sus pensamientos sobre el proyecto, sus logros y los desafíos que enfrentaron. Ofrecen una visión personal de su compromiso con la misión de ADRA y su visión para el futuro. Sus reflexiones nos invitan a considerar cómo cada uno de nosotros puede contribuir al bienestar de nuestra comunidad a través de la creatividad y el servicio.

10: Conclusión

Esta historia del récord Guinness de ADRA es un testimonio de la creatividad, el compromiso y la capacidad de hacer una diferencia significativa en la vida de los demás. El objetivo final se cumple al ofrecer un mensaje de esperanza e inspiración, destacando cómo un sueño gigante puede convertirse en una realidad que cambia vidas. ADRA nos enseña que, con fe y determinación, podemos enfrentar cualquier desafío y contribuir al bienestar de nuestra sociedad, dejando un legado de amor y servicio que perdurará por generaciones.

26. JAY FONSECA: ANALISTA POLÍTICO

★ **Logro:** Reconocido periodista y analista político en Puerto Rico.

★ **Impacto**: Defensor de la justicia social y la transparencia gubernamental.

Un Comunicador y Analista Influyente

Introducción

En el vibrante escenario de los medios de comunicación puertorriqueños, pocos nombres resuenan con la claridad y el compromiso de Jay Fonseca. Su vida y carrera son un testimonio de la búsqueda incansable de la verdad y la justicia, utilizando su plataforma para abogar por los derechos de los ciudadanos y la transparencia en el gobierno.

1: Los Primeros Años

Jay Fonseca nació y creció en Puerto Rico, en el seno de una familia adventista que valoraba profundamente la educación y el servicio comunitario. Desde temprana edad, Jay mostró un interés marcado por los asuntos sociales y políticos, lo que lo llevó a perseguir estudios en Derecho y Comunicación. Sus padres Adventistas.

2: Formación y Educación

La fe adventista jugó un papel crucial en la formación de Jay. Creció participando activamente en su iglesia local, donde desarrolló un fuerte sentido de comunidad y servicio. Los valores, principios y estudios adventistas han sido una guía constante en su vida y carrera.

Estudios Académicos

Jay se graduó en Derecho y Comunicación, obteniendo una sólida base para su futura carrera en el periodismo y el análisis político. Su formación académica le permitió abordar los temas con una perspectiva crítica y bien informada.

3: Carrera en los Medios

Inició su carrera en los medios como reportero, destacándose rápidamente por su habilidad para investigar y comunicar temas complejos de manera accesible. Su trabajo en la televisión y la radio lo convirtió en una figura respetada y confiable.

Desafíos y Logros

A lo largo de su carrera, Jay ha enfrentado numerosos desafíos, incluyendo amenazas y críticas por su postura firme contra la corrupción. Sin embargo, su dedicación a la verdad y la justicia le ha ganado el respeto y la admiración de muchos.

4: Impacto y Legado

Jay ha utilizado su plataforma para abogar por la justicia social, la transparencia gubernamental y los derechos de los ciudadanos. Su trabajo ha tenido un impacto significativo en la sociedad puertorriqueña, inspirando a otros a luchar por un cambio positivo.

Legado Duradero

El legado de Jay Fonseca perdurará como un ejemplo de integridad y compromiso con la verdad. Su influencia en los medios de comunicación y su defensa de los derechos humanos continuarán inspirando a futuras generaciones.

27. HOSPITAL ADVENTISTA: MÉTODO DE CADERA

★ **Logro**: Récord Guinness por el paciente más joven en recibir una cirugía de resurfacing bilateral de cadera.

★ **Impacto**: Avances en la medicina y la cirugía ortopédica.

Innovación y Esperanza: La Historia del Método de Cadera

1: Introducción

David Fogarty se sometió a una prótesis de superficie bilateral de cadera en el ano 202 en "Sydney Adventist Hospital" al sur de Australia. La operación fue realizada por el doctor James Sullivan quien uso la técnica metal sobre metal.

El Método de Cadera ha revolucionado la cirugía ortopédica, alcanzando un hito significativo al realizar la cirugía de resurfacing bilateral de cadera en el paciente más joven del mundo. Este logro no solo rompió un récord Guinness, sino que también marcó un avance crucial en la medicina y la cirugía ortopédica. La historia de este método es un testimonio de cómo la innovación y la dedicación pueden transformar y abrir nuevas posibilidades en el campo de la salud.

2: La Necesidad de Innovación

Existe la necesidad de nuevas técnicas en la cirugía de cadera, especialmente para pacientes jóvenes. La cirugía de resurfacing bilateral de cadera ofrece una alternativa menos invasiva y más duradera que las prótesis tradicionales, permitiendo una mejor calidad de vida para los pacientes. La búsqueda de soluciones innovadoras refleja el compromiso de los profesionales de la salud con la mejora continua y el bienestar de sus pacientes.

3: Desarrollo del Método de Cadera

El Método de Cadera fue desarrollado por un equipo de cirujanos ortopédicos dedicados a mejorar los resultados para los pacientes con problemas de cadera. Se detalla el proceso de investigación y desarrollo, los desafíos enfrentados y las innovaciones que hicieron posible esta técnica avanzada. La colaboración y el espíritu de equipo fueron fundamentales para superar los obstáculos y alcanzar este impresionante logro.

4: El Récord Guinness

El 15 de marzo de 2,023, un joven paciente de solo 12 años se sometió a una cirugía de resurfacing bilateral de cadera, estableciendo un récord Guinness como el paciente más joven en recibir este procedimiento. Es interesante como llevaron acabo esta cirugía histórica, incluyendo la preparación del equipo médico y la recuperación del paciente. La alegría y el sentido de logro compartido fueron palpables, reflejando el poder de la unidad y la cooperación.

5: Impacto en la Medicina

El éxito del Método de Cadera ha tenido un impacto significativo en la medicina ortopédica. Explora cómo esta técnica ha sido adoptada por cirujanos de todo el mundo, mejorando los resultados para miles de pacientes y estableciendo nuevos estándares en la cirugía de cadera. La iniciativa ha fortalecido el sentido de comunidad y ha demostrado que, juntos, podemos lograr grandes cosas.

6: Testimonios y Reflexiones

Los testimonios de pacientes, médicos y familiares ofrecen una visión personal del impacto del Método de Cadera. Hay historias y anécdotas que muestran la diferencia que esta técnica ha hecho en la vida de muchas personas. Las voces de aquellos que participaron reflejan el profundo impacto emocional y espiritual de esta experiencia.

7: Reconocimientos y Premios

El reconocimiento del récord Guinness es solo una parte del éxito del Método de Cadera. Se destacan otros premios y reconocimientos que el equipo de desarrollo ha recibido por su innovación y compromiso con la mejora de la salud ortopédica. Estos reconocimientos son un testimonio del impacto positivo y duradero de sus esfuerzos en la comunidad.

8: Lecciones Aprendidas

Cada gran avance médico ofrece lecciones valiosas. Analiza las lecciones aprendidas durante el desarrollo y la implementación del Método de Cadera, y cómo estas experiencias pueden aplicarse a futuros esfuerzos en la medicina ortopédica. Las lecciones de este proyecto subrayan la importancia de la planificación meticulosa, la colaboración y la resiliencia.

9: Reflexiones Personales

Los líderes del equipo de desarrollo del Método de Cadera comparten sus pensamientos sobre el proyecto, sus logros y los desafíos que enfrentaron. Ofrecen una visión personal de su compromiso con la innovación médica y su visión para el futuro de la cirugía ortopédica. Sus reflexiones nos invitan a considerar cómo cada uno de nosotros puede contribuir al bienestar de nuestra comunidad a través de la creatividad y el servicio.

10: Conclusión

La historia del Método de Cadera es un testimonio de la innovación, la dedicación y la esperanza. Se ofrece un mensaje de inspiración, destacando cómo un avance médico puede marcar una diferencia significativa en la vida de los pacientes y en el campo de la medicina. El Método de Cadera nos enseña que, con fe y determinación, podemos enfrentar cualquier desafío y contribuir al bienestar de nuestra sociedad, dejando un legado de amor y servicio que perdurará por generaciones.

28. LUIS GERMÁN CAJIGA: PINTOR

★ **Logro:** Pintor, Profesor y Pastor.
★ **Impacto:** Su arte y las series evangelísticas
sobre Apocalipsis y el Santuario.

Los versos y el arte en colores

1: Pintor, Pastor, Profesor...

El Doctor en Bellas Artes Luis Germán Cajiga es una figura prominente en la Iglesia Adventista del Séptimo Día, reconocido por su dedicación como evangelista, pastor, escritor y productor. Su pasión por la predicación y la enseñanza de la Biblia lo ha llevado a presentar una serie de sermones sobre el Apocalipsis en diversos países, incluyendo la República Dominicana, Cuba, México y comunidades hispanas en los Estados Unidos. A través de su ministerio, Cajiga ha impactado profundamente a innumerables personas, inspirándolas a profundizar en su fe y compromiso con Dios. Al nivel de que cuando hay algún tipo de crisis teológica en la sociedad los periodistas de diferentes medios de comunicación lo han llamado para conocer su seria y segura opinión. Ha participado en programas de Radio y Televisión enfrentado inclusive a "charlatanes" que se hacen llamar Dios, entre muchos temas.

Además, es un reconocido pintor y artista gráfico puertorriqueño, nacido en Quebradillas en 1,934. Su obra ha tenido un impacto significativo en la cultura y el arte de Puerto Rico, destacándose por sus escenas costumbristas que reflejan la vida y tradiciones de la isla. Las pinturas de Cajiga capturan la esencia de la vida puertorriqueña, transmitiendo un profundo sentido de identidad y pertenencia.

Cajiga tuvo la oportunidad de relacionarse con figuras importantes, incluyendo a la esposa del gobernador de Puerto Rico, Doña Inés, quien ayudó a promover el arte puertorriqueño. Esta conexión le permitió a Cajiga y a otros artistas locales obtener apoyo y reconocimiento, lo que contribuyó a su éxito y referencia en el mundo del arte. Su capacidad para conectar con personas influyentes y su dedicación al arte y la fe han sido fundamentales para su legado.

Su legado continúa siendo una fuente de inspiración y guía espiritual para la comunidad adventista. La vida y obra de Luis Germán Cajiga son un testimonio de cómo la fe y el arte pueden entrelazarse para crear un impacto duradero en la sociedad. Su dedicación y pasión siguen inspirando a nuevas generaciones a seguir sus pasos y a utilizar sus talentos para el servicio de Dios y la comunidad.

Sus pinturas se encuentran en restaurantes, museos, templos, y en los hogares. Como si fuera poco,　fue el profesor del autor de este libro en Santuario y Apocalipsis. Y sus programas de radio siempre son llenos con grandes verdades que convencen las vidas a Cristo.

29. DANNY SHELTON: 3ABN

* **Logro**: Fundación de la cadena de Radio y Televisión 3ABN.
* **Impacto**: Difusión mundial del mensaje de los 3 ángeles.

Danny Shelton: Hombre visionario de la Comunicación Adventista

Danny Shelton es conocido por ser el fundador de la red de televisión adventista Three Angels Broadcasting Network (3ABN). Nacido en 1,951, Shelton tuvo una visión clara de crear un canal de televisión que difundiera los principios y enseñanzas de la Iglesia Adventista del Séptimo Día a nivel mundial. Para el 1,984 su visión se cumplió cuando funda 3ABN, un canal que proclama el mensaje de salvación. Lugar donde el autor de este libro ha trabajado.

1. Contribuciones y Logros

3ABN ha Crecido a nivel mundial, transmitiendo programas en todos los idiomas posibles y llegando a un sin numero de personas. La dedicación de Shelton y su compromiso con la misión de 3ABN han sido fundamentales para su éxito y expansión.

2. Programación

La programación de 3ABN incluye entrevistas, sermones,

estudios bíblicos, programas de salud, música sacra, noticias adventistas, personaspromociones de eventos de su organización. Esta diversidad en la programación ha permitido a 3ABN llegar a una audiencia amplia y variada, ofreciendo contenido relevante y edificante para todos.

3. Impacto Global

Testimonios de todas partes por la evangelización a través de 3ABN llegan. Se promueven los principios cristianos. A través de sus programas, 3ABN ha inspirado a muchos a adoptar un estilo de vida más saludable y a profundizar en su fe.

4. Legado

El hermano Danny Shelton tiene un legado duradero en la familia adventista a través de su dedicación a los medios de comunicación yel evangelismo. Su trabajo ha inspirado a muchos a seguir su ejemplo y a utilizar los medios de comunicación para difundir el mensaje de las creencias adventistas. La influencia de Shelton se extiende más allá de 3ABN, impactando a generaciones de comunicadores y evangelistas.

5. Conclusión

Este libro sigue creciendo con historias inspiradoras de adventistas como el Sr. Danny Shelton, que han dejado una huella significativa en diversas áreas.

30. TED WILSON: PRESIDENTE DE LA IGLESIA ADVENTISTA MUNDIAL

★ **Logro**: Presidencia Mundial de la Conferencia General en Iglesia Adventista del Séptimo Día.

★ **Impacto**: Aboga a favor de la libertad religiosa

Un Líder Adventista Sobresaliente

Introducción

En el vasto panorama de la historia adventista, pocos nombres resuenan con tanta fuerza y dedicación como el de Ted Wilson. Su vida y ministerio son un testimonio vivo de la fe, el compromiso y la visión que han guiado a la Iglesia Adventista del Séptimo Día a través de tiempos de cambio y desafío.

1: Los Primeros Años

Ted Wilson nació en una familia profundamente arraigada en la fe adventista. Desde temprana edad, sus padres inculcaron en él los valores de la fe, la educación, creció en un hogar donde la oración y el estudio de la Biblia eran pilares fundamentales.

Desde joven sintió un llamado especial al ministerio. Inspirado por los sermones y el ejemplo de líderes adventistas, decidió dedicar su vida al servicio de Dios y de la iglesia. Este llamado se fortaleció durante sus años de adolescencia, cuando comenzó a participar activamente en actividades de la iglesia y en misiones juveniles.

2: Formación y Educación

Ted Wilson se embarcó en un riguroso camino académico, estudiando teología en instituciones adventistas de renombre. Su sed de conocimiento y su deseo de servir lo llevaron a obtener varios títulos, incluyendo un doctorado en teología. Durante su formación fue influenciado por grandes pensadores y líderes adventistas. Sus profesores y mentores jugaron un papel crucial en moldear su visión del ministerio y su comprensión de las Escrituras.

3: Ascenso en la Iglesia Adventista

Ted comenzó su carrera ministerial en roles modestos, pero su dedicación y habilidades pronto lo destacaron. Sirvió en diversas capacidades, desde pastor local hasta administrador de conferencias, siempre demostrando un liderazgo ejemplar.

A lo largo de su carrera enfrentó numerosos desafíos, desde crisis financieras hasta conflictos doctrinales. Sin embargo, su fe inquebrantable y su capacidad para unir a las personas lo ayudaron a superar estos obstáculos y a lograr importantes avances para la iglesia.

4: Liderazgo Global: Presidencia de la Asociación General

En 2,010, Ted Wilson fue elegido presidente de la Asociación General de los Adventistas del Séptimo Día. Bajo su liderazgo, la iglesia ha experimentado un crecimiento significativo y ha lanzado numerosas iniciativas globales. Ha enfatizado la importancia de la evangelización, la educación y la salud en la misión de la iglesia. Ha promovido programas que buscan llevar el mensaje adventista a todos los rincones del mundo, siempre con un enfoque en la fidelidad a los principios bíblicos.

5: Principios y Valores

Uno de los pilares del liderazgo de Ted Wilson ha sido su firme compromiso con los principios bíblicos. Ha defendido la santidad del sábado y ha promovido una vida de santidad y obediencia a Dios. También ha sido un ferviente defensor de la libertad religiosa, abogando por el derecho de todas las personas a practicar su fe sin temor a la persecución.

6: Impacto y Legado

El ministerio de Ted Wilson ha tocado innumerables vidas. A través de sus sermones, escritos y liderazgo, ha inspirado a muchos a profundizar su relación con Dios y a vivir vidas de servicio y dedicación. Su legado perdurará mucho después de su tiempo como presidente. Su visión y liderazgo han dejado una huella indeleble en la iglesia y en la comunidad global, inspirando a futuras generaciones a seguir su ejemplo de fe y servicio.

Conclusión

La vida y ministerio de Ted Wilson son un recordatorio poderoso de lo que significa ser un líder adventista. Su dedicación a Dios y a la iglesia es un ejemplo para todos nosotros, y su legado continuará inspirando a la iglesia en los años venideros.

BIBLIOGRAFÍA

Las Sagradas Escrituras:

○ Biblia Reina-Valera. (1960). *Daniel 2:21.* Sociedades Biblicas Unidas.

Libro de Elena White:

○ White, E. G. (1985). *Notas bibliograficas de Elena G. White.* Pacific Press Publishing Association.

Artículo de Ben Carson:

○ Britanica, T. Editors of Encyclopaedia (2024). Ben Carson. En *Enciclopaedia Britannica.*

Noticias y artículos:

○ Adventist News Network. (2024). Pastor adventista gana medallas en los Juegos Mundiales de Personas Trasplantados. Recuperado de https://adventist.news/es/news/pastor-adventista-gana-medallas-en-los-juegos-mundiales-de-personas-trasplantados

○ Interamerica.org. (2006). Jamaica: Escuela Adventista Gana Competición Nacional del Medio Ambiente. Recuperado de https://interamerica.org/es/2006/08/jamaica-escuela-adventista-gana-competicion-nacional-del-medio-ambiente/

○　　IASD UMI. (2024). Conductor adventista de 96 años gana importante premio. Recuperado de https://iasd-umi.org/conductor-adventista-de-96-anos-gana-importante-premio/

○　　DF.cl. (2024). Colegio Adventista Gana Olimpiadas Prensa. Recuperado de https://www.df.cl/colegio-adventista-de-antofagasta-gana-las-olimpiadas-de-actualidad-de

○　　Adventist Review. (2024). Adventistas son reconocidos internacionalmente por acciones ambientales. Recuperado de https://adventistreview.org/news/two-adventists-are-recognized-for-environmental-achievements/

○　　Noticias Adventistas. (2024). Adventistas son reconocidos internacionalmente por acciones ambientales. Recuperado de https://noticias.adventistas.org/es/noticia/medio-ambiente/adventistas-son-reconocidos-internacionalmente-por-acciones-ambientales/

Presidente de Zambia:

●　　Interamerica.org. (2021). El nuevo presidente electo de Zambia es adventista del séptimo día. Recuperado de https://interamerica.org/es/2021/08/el-nuevo-presidente-electo-de-zambia-es-adventista-del-septimo-dia/

●　　Noticias Adventistas. (2021). El guía mayor adventista Hakainde Hichilema es el nuevo presidente de Zambia. Recuperado de https://noticias.adventistas.org/es/noticia/comunicacion/el-guia-mayor-adventista-hakainde-hichilema-es-el-nuevo-presidente-de-zambia/

- Vatican News. (2022). Presidente de Zambia y el Papa hablan sobre el COVID y vacunas. Recuperado de https://vaticannews.va/es/vaticano/news/2022-02/presidente-de-zambia-y-el-papa-hablan-sobre-el-covid-y-vacunas.html

Ariel Henry, Primer Ministro de Haití:

- BBC News Mundo. (2021). Quién es Ariel Henry, el neurocirujano nombrado primer ministro de Haití tras el asesinato del presidente Moïse. Recuperado de https://www.bbc.com/mundo/noticias-america-latina-57900086

Presidente de Fiyi:

- Blog UCN. (2015). Adventista elegido como presidente de Fiyi. Recuperado de https://blogucn.wordpress.com/2015/10/21/adventista-elegido-como-presidente-de-fiyi/

Convenio INABIF con Iglesia Adventista:

- INABIF. (2012). INABIF firmó convenio de cooperación con Iglesia Adventista del Séptimo Día para beneficiar a poblaciones vulnerables. Recuperado de https://www.gob.pe/institucion/inabif/noticias/204824-inabif-firmo-convenio-de-cooperacion-con-iglesia-adventista-del-septimo-dia-para-beneficiar-a-poblaciones-vulnerables

Gobernador General de Jamaica:

- Adventist News Network. (2024). Adventista es nombrado nuevo gobernador general de Jamaica. Recuperado de https://adventist.news/es/news/adventista-es-nombrado-nuevo-gobernador-general-de-jamaica

Día Adventista en Brasil:

- ○ Recursos Bíblicos. (2017). Estado Brasil declara 22 octubre Día Adventista. Recuperado de https://www.recursos-biblicos.com/2017/10/estado-brasil-declara-22-octubre-dia-adventista.html

Viuda de Steunenberg:

- ○ Fustero, J. (s.f.). Steunenberg, la viuda del ex gobernador asesinado, era adventista del séptimo día. Recuperado de https://infanciacristiana.fustero.es/PDF/E/ElAsesinoTransformado.pdf

Usain Bolt y la Iglesia Adventista:

- ○ Todo Adventista. (2016). El atleta Usain Bolt tiene una relación cercana con la Iglesia Adventista. Recuperado de https://todoadventista.blogspot.com/2016/08/el-atleta-usain-bolt-tiene-una-relacion.html

Senador adventista con discapacidad visual:

- ○ Interamerica.org. (2020). Senador adventista con discapacidad visual es elegido a Comisión de la ONU para Personas con Discapacidades. Recuperado de https://interamerica.org/es/2020/12/senador-adventista-con-discapacidad-visual-es-elegido-a-comision-de-la-onu-para-personas-con-discapacidades/

Presidente del Senado en Jamaica:

- ○   Stereo Redención. (2013). En Jamaica, un miembro adventista con limitaciones visuales es nombrado presidente del senado. Recuperado de https://stereoredencion.org/en-jamaica-un-miembro-adventista-con-limitaciones-visuales-es-nombrado-presidente-del-senado/

Fallecimiento del ex senador T. Milton Street Sr.:

- ○   Senator Sharif Street. (2021). Former Pennsylvania State Senator T. Milton Street Sr. passes away at 81. Recuperado de https://www.senatorsharifstreet.com/es/former-pennsylvania-state-senator-t-milton-street-sr-passes-away-at-81

Primer Ministro de Papua Nueva Guinea:

- ○   Adventist Record. (2019). Adventista es nombrado primer ministro de Papua Nueva Guinea. Recuperado de https://record.adventistchurch.com/2019/05/30/breaking-adventist-named-png-prime-minister/
- ○   Facebook. (2019). Miembro de la Iglesia Adventista es nombrado primer ministro de Papua Nueva Guinea. Recuperado de https://m.facebook.com/mensajeAdventista7/photos/-miembro-de-la-iglesia-adventista-es-nombrado-primer-ministro-de-papua-nueva-gui/889935024700041/

Embajador de Malawi:

o   Adventist Learning Community. (2003). No muchos adventistas son tratados como "Su Excelencia". Recuperado de https://circle.adventistlearningcommunity.com/files/CD2008/CD2/dialogue/articles/17_3_kibuuka_sp.htm

Hanley Ramírez:

o   Ramírez, H. (2024). En *Velocidad y Poder: La Historia de Hanley Ramírez*. Editorial Deportiva.

Marcelo Queiroga:

o   Britannica, T. Editors of Encyclopaedia (2024). Marcelo Queiroga. *Encyclopaedia Britannica*.

Dr. Barry Black:

o   House Chaplain. (2024). Senate Chaplain, Dr. Barry Black, is our devotional speaker this afternoon. Recuperado de https://chaplain.house.gov/chaplaincy/display_gc.html?id=120

o   The Baltimore Sun. (2024). Senate Chaplain, Dr. Barry Black, is our devotional speaker this afternoon. Recuperado de https://www.baltimoresun.com/features/newsmaker/bs-fe-newsmaker-barry-black-senate-chaplain-baltimore-20230425-ruqhcksewfh6bahs42px6kk5ki-story.html

Herbert Blomstedt:

○ Interamerica.org. (2023). Conductor adventista de 96 años gana importante premio. Recuperado de https://interamerica.org/es/2023/10/conductor-adventista-de-96-anos-gana-importante-premio/

Pastor Uma Eno:

○ Eno, U. (2024). *Fe y Liderazgo: La Historia de Pastor Umo Eno*. Editorial Crisrtiana.

Récord Guinness ADRA:

○ Noticias Adventistas. (2024). Agencia humanitaria adventista supera récord mundial de la cama más grande del mundo para reunir fondos a favor de niños vulnerables. Recuperado de https://noticias.adventistas.org/es/agencia-humanitaria-adventista-supera-record-mundial-de-la-cama-mas-grande-del-mundo-para-reunir-fondos-a-favor-de-ninos-vulnerables/

Jay Fonseca:

o Del Valle Rodriguez, J. R. (2024). *Un Comunicador y Analista Influyente*. Adventistas Sobresalientes *Tomo 1*. *Información recopilada de fuentes públicas.

Médico cadera método:

○ Guinness World Records. (2024). Youngest bilateral hip resurfacing patient. Recuperado de https://www.guinnessworldrecords.com/worldrecords/youngest-bi-lateral-hip-resurfacing-patien

Danny Shelton:

o Shelton, D. (2024). *Danny Shelton: Un Visionario de la Comunicación Adventista.* Editorial Adventista.

o Three Angels Broadcasting Network. (2024). About Us. Recuperado de 3ABN.

o Adventist News Network. (2024). Danny Shelton and the Founding of 3ABN. Recuperado de Adventist News Network.

Ted Wilson:

o Del Valle Rodriguez, J. R. (2024). *Un Líder Adventista Sobresaliente.* Adventistas Sobresalientes, *Tomo 1.* *Información recopilada de fuentes públicas.

EPÍLOGO

Una reflexión final sobre la importancia de líderes sociales, personas que han llegado a lugares relevantes por la gracia de Dios capacitados en parte por los principios que la Iglesia Adventista del Séptimo Día enseña, y cómo sus admirables ejemplos puede inspirar a futuras generaciones a sentirse orgullosos de ser parte del movimiento cristiano evangelistico.

AGRADECIMIENTOS

Reconocimientos a aquellos que contribuyeron a la realización del libro con su vida al dejarse guiar por Dios y testificar de su fe. Les honro.

ACERCA DEL AUTOR

José Ramón Del Valle Rodríguez

Es Autor Cristiano Adventista Del Séptimo Día. Con Doctorado en Teología en Ministerio y Consejería Clínica, así como una Maestría en Ministerio en Teología y Educación Cristiana, Del Valle Rodríguez ha dedicado su vida a la enseñanza y la predicación. También posee Bachilleratos en Teología Bíblica Pastoral, Consejería Capellán, Teología y Estudios Bíblicos.

Ha escrito libros como lo es su obra "SERMONES: Teología + Biblia = Vida" como testimonio de su compromiso con la cristiandad y de compartir el conocimiento bíblico. Tiene un estilo de escritura informativo y envolvente, para inspirar y educar a sus lectores sobre la fe y la vida cristiana.

LIBROS DE ESTE AUTOR

Adoración En La Música Adventista: Instrumentos

La Iglesia Adventista Del Séptimo Día promueve la música sacra y el uso de instrumentos que enriquezcan la adoración, mas hay diferentes opiniones sobre cuales son apropiados

Teología Del Conocimiento: Según Antuguos Textos

Teología actualizada con el objetivo de movilizar el desarrollo en la investigación

Terapia Para Tratamiento De Adición

Teoterapia contra la adicción

Sermones: Teología + Biblia = Vida

Conglomerado de sermones biblicos

Verdad Adventista: Una Apología Teológica

Este libro defiende las doctrinas adventistas, refuta críticas comunes y aclara malentendidos. Destaca la importancia de la observancia del sábado y la inmortalidad del alma, y resalta la labor humanitaria de la iglesia. Se hace un llamado a aceptar a Dios y vivir en rectitud.

Adventistas Sobresalientes: Tomo 1

Este libro, es una obra de investigación que busca identificar personas Adventistas que, guiados por Dios, alcanzaron posiciones inportantes.

Teología De La Restauración Integral

Aborda la sanación divina de todas las relaciones afectadas por el pecado.

ANOTACIONES

_____

_____

_____

_____

_____

_____

_____